帝国ホテルと日本の近代

「ライト館」はいかにして生まれたか

永宮 和
Kazu Nagamiya

原書房

帝国ホテルと日本の近代

「ライト館」はいかにして生まれたか

目次

【カバー・本文中写真提供】

株式会社帝国ホテル
（p122、132、237を除く）

まえがき

欧化政策に邁進《まいしん》する明治政府の大号令によって、明治二三年（一八九〇）に開業した帝国ホテル。それは、開発用地に外務省の国有地が無償貸与され、宮内省が経営会社の筆頭株主となった日本最初の国策ホテルだった。「有限責任帝国ホテル会社」の株主名簿には、国立第一銀行頭取で東京商工会会頭の渋沢栄一《しぶさわえいいち》、大倉財閥総帥の大倉喜八郎《おおくらきはちろう》ら財界の巨星たちが名を連ねた。

ドイツ・ネオ・ルネッサンス様式の優美な初代ホテル本館（約六〇室）は、外国要人のための舞踏会やパーティーを催す鹿鳴館の北隣の区画に建てられた。つまりホテルも鹿鳴館とおなじ外国人迎賓施設としての役割を担ったのだ。その威容を一目みようと周辺には千万の見物客が集い、ホテルは東京随一の新名所となる。

ところが華々しい船出は、ほどなく座礁《ざしょう》の憂き目をみる。客がこない。いや、そもそも客がいなかったのだ。この時代、日本はまだ「外国人居留地」制度が存続していて、東京では築地居留地に一般外国人は押しこめられていた。そのうえ水深が浅い東京湾に面した居留地には大型船舶を乗り入れることができないので、外国商人たちは横浜や神戸から本拠を移そうとしなかった。だから外国からの訪問需要も生まれなかった。

そのためにホテル開業から一〇年ほどは、ほとんど客がいない苦難の時代がつづいた。財界の名士たちが株主となった国策施設としては、経営状況が最悪でも会社をたたむことなどできない。赤字がどんどん累積していった。この状況は、明治三二年の条約改正による居留地制度撤廃までつづいた。撤廃によってようやく外国人旅行者が自由に東京を訪れることができるようになったのである。

旅行自由化からは、日本の市場性が先進諸国に注目され、国の産業振興政策も手伝って外国商社がどんどん東京に拠点を置くようになった。加えて日本観光もブームとなった。客室はつねに埋まっていたうえに施設・設備も陳腐化していたので、応急策として別館を設け、さらに本館も建て替えることになった。

そうして、ホテル初の日本人支配人（取締役）となった林愛作《はやしあいさく》のイニシアチブのもと、壮大な新本館計画が始動する。アメリカ人建築家のフランク・ロイド・ライトによる二代目本館「ライト館」の登場である。世界に類例のない唯一無二のホテル建築をめざして、ライトは全精力を傾ける。

しかしそのあまりに強い設計への執着ぶりは、とんでもない予算超過と工期遅延をもたらす。さらに建設途中で旧本館も失火によって焼失してしまう。渋沢ら経営陣によるライトへの圧力はどんどん増していく。するとライトは、建設途中のホテルを放りだして突如、アメリカに帰国してしまった。林支配人もそれに先立ち、計画遅延の責任をとって会社を去った――。

このように帝国ホテルの近代史は、何度かの戦時を含めて波瀾の連続だった。安泰の時代などなかったといってよい。しかし国の威信を賭けたホテルはけっして潰れなかった。危機のたびに運営力を磨き、これまで一三〇有余年の歴史を紡《つむ》いできた。その過程をつぶさに追うことによって、近代日本の世相をも浮かびあがらせる。それが本書のテーマである。

なおライト館は、現存していれば今年二〇二三年が開業一〇〇年にあたる。多くの建築史家たちがいまも研究対象としている名建築は、惜しまれて姿を消してからもう五五年が経過したことになる。

第一章

頓挫した官庁集中計画、生き残ったホテル

井上馨と渋沢栄一

「この東京に、欧米の賓客が止宿できる立派なホテルをつくる。君にその会社設立の旗振り役をやってもらいたいのだが、どうだろう」

明治二〇年(一八八七)の年明けのころ、渋沢栄一は旧知の井上馨《いのうえかおる》からそんなふうに告げられた。場所は外務大臣官舎か、第一国立銀行頭取室か、はたまたどこかの料亭か。

大蔵省時代、渋沢の直属の上司だった井上は、財政規律での意見の相違から大蔵卿の大《おお》久保利通《くぼとしみち》と激しくぶつかり、右腕の渋沢と二人そろって辞表をだして下野した。しかし伊《い》藤博文《とうひろぶみ》内閣のときに外務卿(のちの外務大臣)として政府に返り咲いていた。一方、渋沢はこのとき第一国立銀行頭取、東京商工会会頭の地位にあった。ともに多忙をきわめる閣

僚と実業界のリーダーという立場での面談である。

外務大臣井上は、安政五カ国条約（日米修好通商条約など）の締結からつづく不平等な通商関係や一方的な治外法権を正すことを悲願としていた。そのためには日本が「極東の遅れた小国」などではなく、欧化政策が進んだ立派な文明国であることを諸外国に認知させる必要があった。そんな目的から明治一六年に開設した鹿鳴館《ろくめいかん》では、連日のように欧米の外国高官を招いて舞踏会やパーティーが催された。この派手な外交戦術は「鹿鳴館外交」として世間の耳目を集めたものの、国粋主義者たちからは「西欧に媚《こ》びへつらったニセモノ文化」と糾弾された。

さらに外務省は、議事堂、裁判所、諸官庁、博覧会場、中央駅など首都機能を皇城の東南側に集中させる「官庁集中計画」構想を打ち立てた。江戸城内に統治機能が集中し、その周辺に大名屋敷が群居するという旧式の都市構造を根底からあらためて、ロンドンやパリ、ベルリンのように壮麗な公官庁建築が整然とならぶ街区を創出し、中央集権国政の中心地とする計画だった。迎賓のためのホテル開設もまた、この官庁集中計画のなかに組みこまれたものだった。

そこからさかのぼることたったの二十数年。長州の尊王攘夷派が品川御殿山《ごてんやま》に建設中だったイギリス公使館を焼き討ちする事件が起きた。犯人は高杉晋作、久坂玄瑞《くさかげんずい》、伊藤博文、井上馨、寺島忠三郎《てらしまちゅうさぶろう》の五人。いま、その伊藤は首相、井上は外務大臣として外国和親を声高に謳《うた》い、西欧の模倣を血相を変えてやっている。旧佐幕派の政府役人連中にしてみれば、なんとも鼻白む光景である。

「ホテルを。ほう、そうですか」

渋沢は深くうなずいただろう。彼はホテルという施設をよく知る。

パリ万国博覧会参加のため派遣された徳川昭武《あきたけ》を総代とする訪欧使節団に加わり、パリやほかの欧州都市のホテルに滞在した。さらに、自分がいま相談役として経営指導にあたっている建築土木店の清水店（現在の清水建設）は、慶応から明治の改元、江戸から東京への改称のはざまで、外国人専用ホテルである一〇二室の築地ホテル館を建てた。

このホテルは、築地外国人居留地の付属施設としてイギリスはじめ列強が開設を幕府に強要したものだったが、居留地の外国商会誘致が不振となったことから営業がうまくいかずに廃業。海軍施設に転用されることになった明治五年、銀座大火によって焼失していた。

そして、築地ホテル館を建てて経営までした棟梁の二代目清水喜助《しみずきすけ》は、渋沢がいま頭取の椅子に座っている第一国立銀行の建物をも建てた。この建物は最初、両替商から銀行への脱皮を図る三井組の大番頭・三野村利左衛門《みのむらりざえもん》からの依頼で「海運橋三井組ハウス」として建てられた。そこは錦絵《にしきえ》が売れに売れた東京名所だったが、国立銀行（形態としては民間出資による銀行）の開設を急ぐ政府が強引に買いとって転用したのだった。

渋沢は井上から迎賓のためのホテルを建てると聞いて、すぐに清水喜助のことを思い浮かべただろう。

築地ホテル館と第一国立銀行を建てた稀代《きたい》の建築屋、清水喜助は明治一五年に他界している。渋沢は、時代を先取りした両方の建設に直接かかわってはいないが、相談役となって六〇年間、経営者四代を指南しつづけるほど清水店（のちの清水組）に肩入れした。日本人による事業として史上初、江戸で初、一〇〇室超という規模においても初、いろんな意味で嚆矢《こうし》となった築地ホテル館を、維新の乱世にもかかわらずみごとに建ててみせた清水。

「新たな迎賓ホテルを設けるというなら、築地の経験を生かさない手はないのだが」

しかし渋沢は、それが無理であろうことを認識している。

井上がしゃかりきになって促進している官庁集中計画は、前代未聞の大規模な都市開発事業である。工事を請け負う会社も、相応の広範な技術力と資本力を備えた新時代の組織でなければならない、というのが当局の見解だった。

そして渋沢自身、その全体計画を単独で請けるための日本初の建築土木法人「有限責任日本土木会社」の設立にも参画していて、大阪の藤田伝三郎《ふじたでんざぶろう》とともに取締役に就任していた。総取締役兼東京支店長は大倉喜八郎《おおくらきはちろう》である。資本金は二〇〇万円で、これは明治六年に開設された第一国立銀行の二五〇万円にせまるものだった。渋沢がこのころ設立を主導した王子製紙の資本金五〇万円、鐘淵《かねがふち》紡績一〇万円、日本煉瓦《れんが》製造二〇万円というところとくらべても資本額の大きさがわかる。それだけ外務省がこの官庁集中計画にかける思いは強かった。

これ以前、大倉喜八郎率いる大倉組（のちの大倉財閥→大倉商事＝一九九八年自己破産）も、藤田伝三郎率いる藤田組（のちの藤田財閥→現ＤＯＷＡホールディングス）も、維新の政変を巧みに利用し、さまざまな商売を立ちあげて有数の複合企業となっていた。さらに、ともに土木建築部門を擁し、時代の一大転換期に噴出してくるさまざまな工事を請け負って事業を成長させていた。

大倉の組織は、イギリス人建築家のジョサイア・コンドルが設計した鹿鳴館の施工も担当していた。鹿鳴館は井上馨入魂の施設である。また、長州の造り酒屋に生まれて高杉晋作の奇兵隊にもかかわったとされる藤田伝三郎も、身分こそちがったが同郷である井上馨と互助の関係を築いている。だから井上は、この二つの組の土木建築部門を合体させたうえで、官庁集中計画を推進していく大きな建設企業体の設立に熱を入れてきた。

そのことをよく知っているから、相談役として経営指南しているとはいえ、渋沢が清水店を推すことはできない。新都の顔となるような建築物をいくつも建て、三代目清水満之《まんの》助《すけ》への代替わりからは経営近代化を図っているとはいえ、一家が経営を仕切る店《たな》の域をまだでていない清水店が、都市開発の工事を請け負うのは時期尚早といえた。

さらに渋沢は、眼前の相手が築地ホテル館に対してあまりいい印象を抱いていないであろうことも察している。

「あの上野介《こうづけのすけ》殿が差配したものとあっては……」

慶応四年に竣工したこのホテルは、ときの勘定奉行・小栗《おぐり》上野介忠順《ただまさ》が外国奉行から相談されて、民力活用の事業方式を打ち立てて実現化したものである。その小栗はまた軍艦奉行、陸軍奉行を兼務する幕臣きっての軍師で、長州薩摩の討伐《とうばつ》を声高に叫んだ主戦論者だった。元長州藩士の井上にしてみれば、大きな脅威だった小栗が設立を主導したホテルなどは忌避すべきものといえる。

小栗はその後、徳川慶喜の大政奉還と奉行職解任を機に知行地である上州権田村《ごんだむら》に移って隠棲したのだが、その地で新政府の東山道鎮撫《ちんぶ》総督軍によって捕縛、斬首されて、もうこの世にいない。だが、薩長出身の政府首脳たちはその残影をいまだに脳裡から消しきれていない。それどころか富国強兵への道をひた走るなかで、小栗が幕臣時代に提唱してきた近代化構想を明治政府はそのままなぞることになっている。

小栗が設立を主導した日本初の株式会社である兵庫商社は、兵庫（神戸）開港を機に欧米の有力商会に負けないだけの大きな交易組織を立ちあげて、その利益から税を徴収して社会基盤の整備に役立てることを企図していた。さらに、ほかの開港場でも同様の組織をつくることを構想していた。また、小栗が海軍近代化のために設立した総合軍艦造船基地としての横須賀製鉄所は、いま横須賀造船所と名を変えて帝国海軍の最重要造船拠点となっている。

つまり明治政府が国家近代化のために急いで採用してきたいろんな政策が、憎き幕臣だった小栗が描いていたとおりになってしまっている。明治政府首脳たちの喉にいつまでも刺さったままの魚の骨、それが小栗忠順という存在だった。

小栗忠順は渋沢栄一より一三歳年長である。かたや旗本の跡とり、かたや上州の藍玉《あいだま》仲買の農家出身で、世代も境遇も異なるが、将軍徳川慶喜に幕臣として仕えた点、さらに富国のための経済政策で時代をリードしたという点は共通している。小栗が兵庫商社を設立した慶応三年（一八六七）、渋沢は徳川昭武の訪欧使節団に加わってフランスに旅立った。そしてその翌年、小栗が権田村で落命したころ、明治新政府から帰国命令が急遽くだり、渋沢はマルセイユから帰路についた。

外務省と内務省の相克

ヨーロッパ主要都市にも負けないような立派な西欧風の官庁街を創出するという官庁集中計画。その遂行にあたっては内閣直属の臨時建築局が設けられ、外務大臣の井上馨が総裁を兼任して自ら檄《げき》を飛ばした。全体構想と設計を担ったのは、井上がドイツから招聘《しょうへい》した三人の技術者たちだった。まず、明治一九年にヴィルヘルム・ベックマンが来日し、官庁集中計画の基本計画を二カ月間で作成した。

この基本計画は、東は築地本願寺から西は赤坂の日枝神社にまで範囲がおよぶ広大なもので、中央には四角い敷地形状をした博覧会場が置かれ、その東西に日本大通りが軸として貫いていた。さらに東から天皇《みかど》通りと皇后通りが、西からは国会大通りが博覧会場につながっていた。また、現在とおなじ場所に計画された国会議事堂からはヨーロッパ通りが南へ走っていた。官庁街は、これらの主要道路沿いに配置されることになっていた。

基本計画を作成したベックマンはドイツに帰国し、翌年、それと入れ替わるかたちで来日したのはジェームス・ホープレヒトとヘルマン・エンデだった。政府は、あまりに壮大で工事費が巨額となりそうなベックマン案に難色を示した。その意向を受けたホープレヒトは、ベックマン案に大幅に手を入れて規模縮小を図った。代案は、日比谷練兵場跡を六〇メートル幅の並木通りで囲んで、その内側に諸官庁をならべ、さらに中心を庭園とするというものだった。それでも敷地は一辺がおよそ六〇〇メートルという広大な正方形をしていた。

具体的な官庁の配置や意匠についてはエンデが設計を担当することになった。エンデは、広大すぎる正方形の敷地が、下手をするとまとまりのない街区になり美観を形成できないとしてホープレヒト案に疑問を投げかけたが、最終的には同意した。彼は、その解決策として四隅に設ける内務、大蔵、海軍、農商務・文部の中枢各省の建物を同一意匠とし、ほかの官庁を通りに沿って配置していくことで、敷地全体を一つの巨大な建物のようにとらえるという案を描きだした。

ところがこの官庁集中計画は、政府内部での意思統一の失敗や極端な欧化政策に反対を唱える勢力のために、議事堂、裁判所などを除いてみなおされることになる。そもそも新政府樹立から二〇年しか経っていない日本に、規模を縮小したとはいえ莫大な建設費用を賄うだけの財力はまだなかったし、計画は、欧化政策に性急な井上馨たちが描いた夢物語にすぎなかった。その結果、ドイツ人技師たちに多額の違約金を支払ったうえで明治二一年一二月をもって契約解除、計画撤回という事態となってしまう。

この政策転換劇では、井上の外務省と対立することが多かった内務省が主役となった。

内務省は警察、土木、勧業、逓信、地方行財政など内政全般をつかさどる巨大組織で、それだけ強大な権限を有していた。本来であれば、首都の都市計画などはこの内務省が担ってしかるべきものである。実際に内務省は、外務省の官庁集中計画に先行して東京の都市構造を根底からあらためる「市区改正計画」を明治一七年から審議し、着手にむけて粛々と準備を進めていた。

それを、トンビに油揚げをさらわれるように、あとからきた井上馨の欧化優先主義による官庁集中計画に突如、乗り換えられてしまった。結果、国政機能の集約という大テーマを根こそぎ持っていかれたかたちで、内務省としてはそのほかの首都機能構築で計画を練りなおさなければならなくなった。

これには、井上馨と通じていた太政大臣の三条実美《さんじょうさねとみ》の判断があった。天皇を補佐して政務全般を総括する最高責任者が決めたのだから、結論は動かしようがない。内務省にしてみれば、三条をそそのかした井上に対して恨み骨髄といったところだっただろう。

それを機に、なにかと難癖をつけて条約見直しに応じない欧米各国に対し、欧化政策の進捗度を早急に示そうと焦る外務省、というか井上大臣とその側近たちが、政府内の調整を怠ったまま一気呵成《いっきかせい》に進めたのが官庁集中計画だった。計画を推進する井上馨兼任総裁の臨時建築局は、内務省傘下で開発行為を担当する土木寮と業務が完全にバッティングする。深い相克が生じるのも当然といえた。

ただ、この時代の国政機関はまだ組織ごとの役割分担の概念が整理されていない。いろいろな機関が外交、通商、建設といった分野でテリトリーの侵食合戦を展開し、喧々囂々《けんけんごうごう》としていた。それに倒幕側の各藩と旧幕府側の才子たちが同居混在する明治政府はもともと閥が多く、一枚岩とはとてもいえなかった。

官庁集中計画は内務省の反攻によって急速に推進力が落ちていき、議事堂、司法省、裁判所の設置を除いて撤回が正式決定した。加えて不平等条約の撤廃も各国の抵抗が強く、交渉がいっこうに進まなかった。その責から井上馨は、無念千万の思いで外務大臣と臨時建築局総裁を辞任する。

しかし鉄道とホテルという社会インフラの整備計画はそのまま継続されることとなった。駅は、すでに新橋～横浜間鉄道の新橋駅があり、上野駅（私鉄の日本鉄道が熊谷間を運行）も明治一八年に開業していたので、そのあいだに中央駅（東京駅）を置いてこの両路線を結ぶ構想が持ちあがっていた。

さらに、富国強兵政策や東京での土木建設事業などを推進していくうえでは、欧米の知識人や技術者をたくさん迎え入れなければならないが、そのためには外国人が逗留できる大型ホテルを早急につくる必要が生じていた。この課題解決には外務省も内務省もなく、政府全体の喫緊《きっきん》の課題となっていた。一〇二室を擁した築地ホテル館は焼失していたし、この時点での東京の迎賓ホテルといえば、鹿鳴館、采女橋《うねめばし》の築地精養軒、有楽町の東京ホテルしかなかった。鹿鳴館はあくまで貴賓用の宿泊機能が付属するという程度で、精養軒は客室がたったの一二室、東京ホテルも木造二階建てでごく小規模なものだった。

こうして帝都の迎賓ホテル、帝国ホテルの建設計画は急ぎ進められていくのだが、じつは内務省が推進していた市区改正計画のなかにも、東京の顔となる迎賓ホテルの建設計画案が独自にあった。

提案したのは内務省県治局の初代局長となった山崎直胤《やまざきなおたね》だった。明治五年から三年間のパリ留学で花の都にすっかり魅了された彼は、上野から芝にかけての広範囲をパリのように整備する構想を描いた。そしてホテルは「皇居のまえに置くべき」とした。それがどの場所かまでは具体的に文書には示されていないのだが、現在の内幸町《うちさいわいちょう》は「皇居のまえ」とはいえないので、大手町あたりではなかっただろうか。

そうだとすると、帝国ホテルとはべつのホテルが明治政府による国策ホテル第一号になった可能性もあるし、あるいは、帝国ホテルがいまの日比谷公園前ではなく大手町あたりにできていた可能性もある。

いずれにしても、視察行や留学によって欧州主要都市の華やかな姿にすっかり感化されてきた政府高官たちが、外務省と内務省の両陣営にわかれて、それぞれに帝都のあり方を構想したものが市区改正計画と官庁集中計画だった。両陣営の構想は結局、どちらも政体の揺籃期にあって確固とした支持をとりつけることができず、修正に修正を重ね、あるいは部分的に合体したうえで明治期後半に断片的に具現化されていくことになる。

ホテル設計のやりなおし

ともあれ、官庁集中計画の置き土産ともいうべき日比谷のホテル計画は明治二〇年一一月二八日、ついに始動する。発起人総代となった渋沢栄一が決意を記している。

是ヨリ先、栄一等外人ノ宿泊ニ充ツル等ノ目的ヲ以テ有限責任東京ホテルノ創立ニ力《つと》メ、是日発起人総代トシテ大倉喜八郎ト共ニ連署シテ会社創立願ヲ東京府知事ニ提出ス

これから東京府知事の高崎五六《たかさきごろく》に宛てて、ホテル事業のための会社創立願書を提出するという檄文である。この時点での会社の名称は「有限責任東京ホテル会社」である。当初は「東京ホテル」として建てる構想だったのか、あるいはまだホテル名称が定まらないう

ちの仮称だったのか、そのあたりは不明だが、こののち正式に有限責任帝国ホテル会社と改められる。そしてこの創立願書は同日付で東京府に提出される。

会社所在地は東京府麴町区内山下町一丁目一番地、現在の千代田区内幸町の帝国ホテルタワー棟がある場所で、願書提出に先立つ同年一〇月、事務所はすでに実動していた日本土木会社のなかにとりあえず置かれた。つまり、ホテルの建設工事もこの日本土木会社が請けるという前提での同居である。創立発起人総代に渋沢栄一と大倉喜八郎の二人がつき、ほかに九人が発起人に名を連ねた。資本金はこの一一人が一律二万円を出資して合計二二万円、さらに会社設立時には宮内省も出資して二六万円に増額された。官民一体による国策事業という性格である。

発起人の顔ぶれはそうそうたるものだった。

株数	金額	氏名	住所
四株	二万円	渋沢栄一	東京深川区福住町
同	同	大倉喜八郎	東京京橋区銀座
同	同	浅野総一郎	東京深川区清住町
同	同	岩崎弥之助	東京神田区駿河台東紅梅町

同　同　西邑虎四郎　東京神田区駿河台北甲賀町
同　同　川崎八右衛門　東京本所区千歳町
同　同　安田善次郎　東京日本橋区小網町
同　同　川田小一郎　東京牛込区新小川町
同　同　原六郎　横浜野毛町
同　同　益田孝　東京荏原郡北品川宿
同　同　横山孫一郎　東京々橋区入船町

浅野財閥総帥でセメント事業の開祖である浅野総一郎《あさのそういちろう》、死去した実兄弥太郎《やたろう》に代わって三菱総帥となった岩崎弥之助《いわさきやのすけ》、三井銀行創設者の一人である西邑虎四郎《にしむらとらしろう》、川崎財閥創始者の川崎八右衛門《かわさきはちえもん》、安田財閥創始者の安田善次郎《やすだぜんじろう》、岩崎弥太郎の僚友で三菱創始者の一人である川田小一郎《かわだこいちろう》、横浜正金銀行頭取で渋沢とともに興業に尽力した原六郎《はらろくろう》、三井物産や中外物価新報（現日本経済新聞）の生みの親である益田孝《ますだたかし》、そして大倉喜八郎の右腕で帝国ホテル草創期の経営実務を支えた横山孫一郎《よこやままごいちろう》――。

幕末維新期に躍動の端緒を拓《ひら》き、明治財界のリーダーとなっていったこれらの顔ぶれが、こうして迎賓ホテルの経営主体を立ちあげるべく株主となったのである。

渋沢栄一は昭和になってから、こんな言葉を残している。

帝国ホテル創立については詳しくは知らぬ。唯々《ただただ》ホテル建築の外国式の組織考案については、たいてい私が世話した。(中略)帝国ホテルの創立については、井上馨さんがしきりに発議してやつたのだが、実際の仕事には横山孫一郎氏が心配した。

これは『雨夜譚《あまよがたり》会談話筆記』に収められたものである。孫の渋沢敬三が主宰する雨夜譚会のメンバーが、昭和元年から五年まで三一回にわたって栄一の談話を聞き書きした回想録の一節だ。渋沢栄一自伝として広く読まれている『雨夜譚』の、いってみれば異本、続編だ。渋沢の九一歳での逝去は昭和六年一一月一一日。この聞き書きはその直前の五年間でおこなわれた。だからこれは、古老が遠い記憶をなんとか掘り起こしながらものした昔語りで、事業家としての生々しい執着の記憶はとうに薄れている。

井上馨の意を受けて発起人総代となり、会社設立後は理事長の座にあった渋沢なのだから「帝国ホテル創立については詳しくは知らぬ」はおとぼけがすぎるというもので、これは同時期に日本を代表することになる幾多の会社創立にかかわった自負がいわせたものなのか、あるいは、まだ渋沢が関与しない時点で官庁集中計画とともに進行していたホテル設計のことを皮肉っているのか……。「ホテル建築の外国式の組織考案については、たいてい私が世話した」というのは、もちろん建築のことだけをいっているのではなくて、経営主体としての有限責任会社の設立、株主の勧誘、計画推進のための組織組成までを指しているはずだ。

訪欧使節団の一員としてヨーロッパの産業界を見聞してきた渋沢は、西洋式の商用建築については一家言持つ。だから建築から経営体制の構築まで、基本的なことは一通り指南せずにはいられなかったのだろう。彼は大蔵省を去ってのち頭取の座についた第一国立銀行の建物についても後世、このように記している。

当時にあつては我国に於けるもつとも最初の、而して他に類のない銀行建築である。（中略）外見はとにかく立派に見えたが、間取の方は今から考えると銀行としては不適当であったと思われるのは、事務・得意・預りと分かれていたものの、大体に於いて為替方・勘定方の区別がしてなかったことである。

――『建築世界』大正四年四月号掲載

日本初の銀行建築としての出来栄えを高く評価しながらも、銀行の三大業務である為替・預金・融資の事務領域区分がなされていない設計ミスへの不満を感じていたわけである。自分はヨーロッパで銀行実務を勉強してきたという強烈な自負がその行間に滲《にじ》んでいる。渋沢は、訪欧使節団に加わって銀行事情をつぶさに視察し、帰国後は大蔵省でイギリス式の民間銀行設立を主導した。それは結局、伊藤博文が唱えたアメリカ式国立銀行論に敗れるのだが、そのはてに登場する第一国立銀行の頭取の座についてしまうのだから、渋沢はしたたかだった。

この建物は前述したように、もとは三井組が清水喜助に設計施工を依頼して建てた海運橋三井組ハウスである。それを政府が強引に買いあげて第一国立銀行としたわけだが、当然、その設計施工段階で渋沢の意向はまったく反映されていない。だから設計面で業務分掌を考慮していないことにケチをつけた。そして、だからこそ自分が最初から関与する新都のホテルについては、基本をすべて自ら定めないと気がすまなかったのだろう。

話を『雨夜譚会談話筆記』にもどす。「実際の仕事には横山孫一郎氏が心配した」というくだりは、横山だけが帝国ホテルの実際の事業に専心したことを指す。発起人（株主）一一人のなかで理事としてホテル事業を支えたのは選挙で選出された渋沢（理事長）、大倉（理事）、横山（専任理事）の三人だけだが、理事長、理事ともに無給の名誉職に近い存在だ。さまざまな事業を矢継ぎ早に興して多忙をきわめる二人だから当然だろう。

しかし専任理事（有給）である横山だけは、ホテル会社創設から明治四四年に死去するまで、ずっと帝国ホテルの経営を現場で支えつづけたのである。明治中期の法人組織は社長という役職をまだ持たなかったが、専務理事はそれに相当する役位といえる。弘化三年（一八四六）、常陸国に生まれた横山は英語が得意で、開港した横浜にでて通訳の仕事をした。在横浜イギリス公使館やスイス領事館などの外国公館建築で活躍した高島嘉右衛門を通訳として助け、やがて外務省の翻訳局設立にも尽力した。そのあとは大倉喜八郎を助けて大倉組を立ちあげた。大倉組商会は、日本企業では初の海外拠点となるロンドン支店を明治八年に開設したが、これに尽力したのも横山だった。

明治二〇年一一月に東京府へ会社設立願書を提出してからの動きは、じつに速かった。翌一二月には有限責任東京ホテル会社が立ちあがり、明けて一月には建設工事が起工している。建設用地は、本社所在地とおなじ麴町区内山下町一丁目一番地（外務省用地）のうちの四二〇一坪。これを二〇年八月からの五〇年間、地代無料で借用する契約を政府と交わし、会社設立に先行して二〇年七月には、日本土木会社がすでに地質調査と基礎工事に着手していた。

そして驚くことに、ホテルの設計は一九年末に完了していた。

地質調査や測量などと並行して軀体《くたい》の設計を詰めていくことはよくあるが、それ以前にすっかり終えていたというのだから、なんとも準備がよすぎる。設計を担当したのは、官庁集中計画案の作成者であるベックマンらとともに来日していたドイツ人建築家のメンツだった。

つまり、井上が渋沢たちにホテル会社設立の相談を持ちかけるまえにホテルの設計はすっかり終了し、いつでも着工できる態勢にあったということで、これは官庁集中計画全体のなかでホテル計画もまた同時進行していたことを意味する。民間資本中心のホテル事業だから経営は法人に任せるが、設計については全体計画との調和をとる必要から、臨時建築局が先行して設計依頼をしていたということである。

要するに、東京府への会社設立願書提出とその裁可はあくまで形式にすぎず、外務大臣井上が号令を発して発起人たちが名簿に名を連ねるはるか以前から、ホテル計画は実動していたわけだ。渋沢が「帝国ホテル創立については詳しくは知らぬ」といったのも、やはり、このことへの当てつけだったのかもしれない。

地代無料としたのは、欧化政策のための国策施設としてかならず、そして一刻もはやく完成させる必要があったからである。欧化政策や官庁集中計画を推進するなかで、外国人の知識人や技術者がぞくぞくと東京に入りこんできている。それなのに宿泊施設がまったく足らない。井上をはじめ、首都東京の建設や外交にかかわる政府関係者すべてが焦っていた。

ところが着工から八カ月後の明治二一年九月、工事はいきなり中止となる。日比谷の軟弱な地盤に対して、地上三階と地階からなる総レンガ造建築の荷重が、とてもではないが持ちこたえることができないという判断によるものだった。とくにホテルが建つ一帯は、江戸開府までは日比谷入江の湿地帯が広がり、のちに埋め立てられてからも砂地の安定しない地質で、江戸時代は一帯が武家屋敷地だった。

なにしろ地質調査の以前に設計が完了していたのだから、こうなるのも当然で、劣悪な地質をほとんど考慮しないまま描いた図面ということになる。メンツの正面意匠図は日本建築学会に残っていて、社史『帝国ホテル百年の歩み』にも掲載されている。それは、三階建てのうえに威厳のある特大の大屋根が載り、その中央にさらに巨大な塔屋を戴《いただ》くという、垂直方向にがっしりと構えた軀体で、じつに壮大。素人目にも当時の湿地埋立地には適さないであろうことが想像できる。建築様式としてはドイツ・ネオ・ルネッサンス様式ということになる。

この時代の基礎工事における杭打ちは、丸太の木杭をスチームハンマーなどで地中に打ちこむというレベルで、現代のように固い支持層にまで鋼杭やコンクリート杭を深く打つ技術はもちろんない。杭は、地盤との摩擦によって荷重を支える摩擦杭にすぎず、その地盤が極めて軟弱とあればおのずと建築荷重は限定的となる。

東京ホテルの建築木造に変ず

東京ホテル建築の発起人並に株主中の渋沢・原・西村・山崎・横山・佐々木並に蜂須賀家代理の諸氏は先日坂本町の銀行集会所を借り受け、同ホテル建築改正の件にて会議を開き、同ホテルは元来石造或ハ煉瓦にて建築の見込なりしも同建築地所ハ地底砂地にして到底其見込なきに付き、更に其摸様を一変し堅固なる木造の建物を設る事に決し散会したりとぞ。

当時の『銀行雑誌』創刊号（明治二一年一〇月刊）の記事は、設計のやりなおしについてそう伝えている。この時代の『銀行雑誌』は、いまでいえば大手のビジネス誌のようなものだろう。このまま建てたのでは、いずれ建物は傾くか軀体に亀裂が走り、とり返しのつかないことになる。地質調査をやり基礎掘削を開始していた施工担当の日本土木会社はそう判断して、設計は全面やりなおしとなった。メンツに設計をやりなおせというのではない。白紙撤回、設計責任者解任ということである。

この決断はしかし、ホテル単独での次元のものではなく、官庁集中計画全体の撤回と連動したものだった。とにかく官庁集中計画の全体が、事業の妥当性や予算適正化を置き去りにしたまま進行してしまった欠陥プロジェクトであって、構想そのものが撤回となったことでドイツ人技師たちには計画中止と契約解除がいいわたされていた。だから、その一員であるメンツが描いたホテル設計もまた白紙化の対象となることは必定だった。しかも軟弱地盤をまったく考慮していない設計であるとすれば、なおさら契約破棄の大義名分は立つ。

それでは、代わりに設計をだれにやらせるか。外務省、渋沢たちが立ちあげたホテル会社、施工を担当する日本土木会社は選定を急いだ。そして白羽の矢が立ったのが、新進気鋭の日本人建築家、渡辺譲《わたなべゆずる》だった。

渡辺は、工部省設立の工部大学校（東京大学工学部の前身の一つ）に学んで明治一三年に卒業したが、当時この学舎で教鞭をとっていたのが鹿鳴館を設計したイギリス人建築家ジョサイア・コンドルだった。初代帝国ホテルを設計した渡辺、初代東京駅を設計した辰《たつ》野金吾《のきんご》はともにその教え子ということになる。それから渡辺は工部省技手、内務省営繕課技手を経て臨時建築局入りし、すぐにベルリンの王立シャルロッテンブルク工科大学に留学した。官庁集中計画を推進していくうえで、日本人技師もヨーロッパの先端知識を習得しておく必要があるとの判断からである。

ところが二一年に帰国すると、渡辺がドイツで習得した先端技術を生かして携わるはずだった官庁集中計画自体が撤回となり、ドイツからやってきていた建築土木設計の技師たちも解雇目前という立場に置かれていた。拍子抜けした渡辺だったが、そのなかの裁判所の建築主任に抜擢《ばってき》されて工事に専念した。

ついに完成した初代本館

鹿鳴館を設計したコンドルの教え子、ベルリン留学帰りの新進気鋭の建築家、内閣直属の臨時建築局技師――メンツの設計が白紙撤回となって右往左往する渋沢らホテル会社理事たちの目に、その渡辺のプロフィールは魅力的に映っただろう。裁判所建設工事にめどをつけていた渡辺にさっそく声をかけ、ホテルの設計を一からやりなおさせることにした。渡辺としても、自身が属してきた臨時建築局が井上総裁辞任によって敵対してきた内務省内に吸収されることになり、残ったとしても冷や飯を食わされるであろうことは明白だった。だからホテルの仕事は渡りに船というところがあった。

西洋式の建築土木設計の世界も、お雇い外国人にすべてを頼る時代は終わりを告げ、日本の学府やヨーロッパ留学で技術を学んだ日本人技師たちが活躍する時代へと変わろうとしていた。

渡辺譲がどういう経緯でホテルの設計者に選ばれたのか、その詳しい経緯は不明だが、おそらく臨時建築局と通じていた日本土木会社の推薦によるもので、裁可したのは理事長である渋沢栄一だろう。

先に引用した『雨夜譚会談話筆記』で「ホテル建築の外国式の組織考案については、たいてい私が世話した」としていたし、新時代の才能を見抜く渋沢の眼力はたしかなものだった。渡辺が設計した初代帝国ホテル本館は大正一一年四月に地下での失火から全焼し、フランク・ロイド・ライト設計の新本館の時代へと転じていくわけだが、このとき、アメリカで古美術商の仕事をして欧米に広範な顧客人脈を持っていた林愛作《はやしあいさく》に白羽の矢を立て「支配人となって新生帝国ホテルをつくりあげてくれ」と熱心に説得したのも渋沢だった。

理事長の渋沢にしてみれば、かつての上司でつねにタッグを組んでいた井上の差配だから許容せざるをえなかったものの、会社設立のかなりまえの段階ですでにホテルの設計が完了していたという事実は、本来なら受け入れがたい。地盤対策の欠落うんぬんはおくとしても、自分の意に沿うだれかを入れて設計をやりなおそうと考えたとしても不思議ではない。だから設計者選定を主導したのも渋沢自身だったはずだ。前出の談話にもそんなニュアンスが含まれていると考えていいだろう。

ともあれ、役人技師としての裁判所建築にけりをつけた渡辺は、こんどは一建築家として帝都初の国策迎賓ホテルの設計に没入する。ホテル理事や施工会社からは、軟弱地盤への対策を確実になしつつ、パリやベルリンの一流ホテルにひけをとらない威厳を持たせるという条件が提示されたはずだ。それは、安政二年（一八五五）に四谷で生まれて江戸東京の土地を熟知し、ベルリンの最高学府で建築を学んだ渡辺にしてみれば「このおれにまかせてくれ」といったところだろう。

渡辺の設計した帝国ホテルは、木骨レンガ造である。とはいえこの場合、レンガは基礎材および壁材であって主たる構造材は木材であり、それに漆喰《しっくい》が加わる。対して、メンツが設計したホテルはレンガの組積式で、構造材としてレンガを多用することになっていた。その荷重差は歴然で、だからこそ、地質調査に先行して拙速に進めたメンツ設計案が撤回されることになったわけである。

初代本館は、日比谷通りに沿った現在の本館の場所ではなく、帝国ホテルタワーが建つ場所に北側を正面として建っていた。正面のすぐまえには山下御門につづく外堀が水をたたえ、堀端には桜並木がつづいていた。堀をはさんだ反対側（現在の日比谷シャンテの側）からみると、水面にホテルの優美な姿が映ってきれいだった。

初代帝国ホテルの建築概要は、社史『帝国ホテル百年の歩み』によるとつぎのようなものだった。

● 建築様式＝ドイツ・ネオ・ルネッサンス様式
● 建坪＝本館六〇〇坪、平屋棟・付属施設などを合わせて合計一二九五坪
● 本館は木骨レンガ造の地上二階地下一階建て（屋根部分に屋根裏部屋設置）
● 客室数は六〇室超（うちスイート一〇室、屋根裏部屋三〇数室）

ネオ・ルネッサンス様式の外観は、支柱間上部が優美なアーチ状をなすアーケードテラス（一階）やアーケードバルコニー（二階）が特徴的だ。ネオ・バロック、ネオ・ルネサンスはともに、古い時代の様式の特徴を新しい建築技術や意匠にミックスさせる建築様式で、一九世紀前半から二〇世紀初頭にかけて欧米主要都市や日本でブームとなった。

帝国ホテルの南隣にあったジョサイア・コンドル設計による鹿鳴館はネオ・バロック様式だが、アーケードの形状などはそっくりである。社史によれば当初、帝国ホテルの設計もコンドルに依頼していたのだという。井上馨率いる臨時建築局は最初、官庁集中計画で

全体設計をお気に入りのお雇い建築家であるコンドルに依頼したのだが、このイギリス人はあまり乗り気ではなかった。一応、基本案は示したのだが、井上のこころをくすぐるものではなかった。

だから仕方なくドイツの技師たちに任せることにして、その結果として同行してきたメンツに帝国ホテルの設計が割りふられたわけである。そのあとを継いで設計をやりなおした渡辺譲はコンドルの工部大学時代の教え子だから、鹿鳴館と建築デザインが似通ったのも当然といえる。

初代帝国ホテル本館。ネオ・ルネッサンス様式の優美な外観が特徴だった

コンドルは、鹿鳴館の以前には訓盲院、開拓使物産売捌所、東京帝室博物館（東京国立博物館の前身）を設計しているが、いずれも東洋の建築要素をとり入れた折衷様式といえるものだった。河鍋暁斎《かわなべきょうさい》に師事して浮世絵や日本画を学ぶほど東洋への関心が強かったコンドルは、だから鹿鳴館設計でも当初はそうした流れで案を提出していた。ところがヨーロッパ視察で各国首都の威容にすっかり感化された井上馨は、あくまで純粋ヨーロッパ路線を譲らず、設計はそれを呑んだ

第二案へと変更されることになった。コンドルが、官庁集中計画の設計統括就任に乗り気でなかったのも、井上のそんな盲目的ともいえる憧憬《しょうけい》姿勢に嫌気がさしたからだという説もある。

ホテル建物の構造は、地階（半地下）の外側が厚レンガ二枚積み、一・二階は木骨に厚レンガ一枚積み、床材も木で、荷重を極力少なくした実質的に木造といえるものだった。だが、床材まで木にして軟弱地盤への対応＝軽量化を最優先したこの構造は皮肉にも、大正一一年の失火による本館全焼への布石となってしまう。防火性能を犠牲にしてまで木造で軽量化を図らねばならなかった経緯はどこか、防弾性能をすべて省略して軽量化・旋回性能を高めた零式艦上戦闘機（ゼロ戦）に通じるところがある、といえば過言か。この全焼事故についてはのちの章で詳述する。

屋根は木造に銅板スレートを葺いた腰折《こしおれ》屋根（二段階に勾配を変えて折り曲げた屋根構造）とし、その下部分に屋根裏部屋を設けた。外壁は、漆喰壁に擬似石色の塗装をして石造建築そっくりなものとしたが、これも荷重を最小化しながら壮麗な欧風建築を再現するための苦肉の策、奇策だった。

社史は客室数を「六〇室超」としていて正確にはわからないようだ。一階に七室（うちスイート二室）、二階に二二室（うちスイート八室）、二階層合計で二九室が配置されていることは平面図から確認されている。残る三十数室は安価なシングルのような屋根裏部屋として配置されていたものと考えられるが、日本建築学会に残存している渡辺設計による平面図は一階と二階だけで、実質的に三階となる「屋根裏」についてはどのようなレイアウトだったのかは不明である。

一階のほとんどは舞踏室、広間（ホール）、食堂、宴室、ビリヤード室、談話室、新聞閲覧室などのパブリックスペースと事務所にあてられ、エントランスからホールを抜けた正面最奥部に位置する舞踏室が面積で最大規模となっていた。このあたりは、欧米の貴賓接待施設として建てられた鹿鳴館の補完的な役割を、帝国ホテルもまた担っていたと解釈できる。

延べ建坪では本館を超える平屋棟と付属施設には、社員住宅（二二一坪）、主厨房（六七坪余）、人力車廠《しょう》（三二坪）、馬車廠（九三坪）、厩《うまや》（一一〇坪）といったものがあり、この時代の悠長な商売の姿を垣間みることができる。社員住宅が敷地内にあるというのはいまでは考えられないが、昭和のなかばくらいまでは社屋と同敷地内に社員寮があるというケースは企業社会でよくみられた。ホテルの厨房は本館一階奥にもあったが、これとはべつに独立棟としての主厨房があった。

この初代ホテルの主厨房について書き残している人物がいる。帝国ホテル、東京会館を経てパレスホテルの初代調理長となった田中徳三郎《たなかとくさぶろう》だ。坊主頭で久留米絣《くるめがすり》を着た一三歳の田中少年が、父親に連れられて帝国ホテルに入社したのは大正二年。田中の自叙伝である『西洋料理六十年』の記述によると、二本の煙突がそびえる主厨房はホテルの右後方にあり、そのうしろ（日比谷公園側）には築山があって内務大臣官舎が接近し、西側には華族会館の乗馬場もあったという。調理場の天井は高く、柱がないので学校の体育館のようだった。すでに新本館（ライト館）の建築計画が進んでいたのでもう改修されることはなく、壁面のペンキは剝げ、コンクリート床には穴が開いたままだった――と田中は綴っている。

内務大臣官舎はのちに霞が関に移転し、その敷地がフランク・ロイド・ライト設計の新本館建設用地となるわけだが、内務省が官舎撤去を先延ばしにしたことから新本館の着工も大幅に遅れることになる。

開業後まもなくのホテル館内のようすについて、東京日日新聞（のちの毎日新聞）はつぎのように詳しく伝える（明治二三年一一月九日付）。

先ず、入口前庭の構え、馬車廻しの様子など申し分なし。馬車・人力車置き場あり。又馬屋あり。玄関の正面に広間、左に来賓を受け付ける事務室、いと広やかなる談話室、室内には数脚の椅子を備え、ピアノ・オルガンの備え、玉突場あり、舞踏室あり、いずれも百畳敷位の室なり。この舞踏室は最も広く、五、六百人も集まるべき会合には、この室を以て臨時食堂に充つる由。又酒類の売場あり、喫煙室あり、碁局あり、食堂あり、新聞縦覧室あり。湯殿・便所の構造に至っては実に清潔を極めたり。二階、三階は凡て寝室にあて所々に小談話室を設けたり。その構造は大概居間・寝室の二間に仕切り、装飾は特別・上・中・下の四段階に分ちあり。すべて寝室六十有余ある由。

客室内の装飾品については世界から一流品が集められたようで、城門をかたどったスイス製の鉄製暖炉と大理石マントルピース、凱旋門をかたどった時計などが置かれていたという雑誌記事が残る。インテリアのようすを伝える写真は火災や関東大震災などのためにほとんど残っていないのだが、絵葉書として転写されたものがわずかに三枚残されている。この時代の先端的建築の情報はいずれも、明治初期であれば錦絵、写真が普及した後期であれば絵葉書として市井に伝えられていた。

その三枚は、メインレストラン、フロントとクラーク(明治後期撮影)、玄関右手にあった階段である。それをみると、レストランやフロント横にはアーチ状支柱がずらりとならんでいて、その上部が折上天井《おりあげ》へと連続していくデザインとなっている。このアーチ状支柱は一・二階外観のアーケードの特徴的な意匠で、その意匠が内部パブリックスペースの各所にも採用されていたことがわかる。

ふんだりけったりの船出

こうして苦難のすえに竣工した帝国ホテルは明治二三年一一月三日、ついに開業の日を迎える。

経営・運営の陣容は、前述の理事二人と専任理事一人に加えて役員(管理職)一五人、従業員五五人というもので、すべて男性。給与は専任理事の横山孫一郎が一五〇円、役員は五〇円から一〇円、従業員は一五円から四円五〇銭だった。有限責任会社という過渡期の法人組織であったため社長という役職はまだなく、現場も陣頭指揮官がいるような、いないような、そんなあいまいな組織だったようだ。そのせいばかりではなかろうが、華々しい船出をしたホテルの営業成績はさんざんなものだった。

宿泊料金は最小客室が五〇銭、同三食付が二円七五銭、スイートである特別上等客室が三食付九円二五銭だった。外国人を主対象とする迎賓ホテルで、主要国の政府関係者は来日時にかならず宿泊した。館内にはスペインとオーストリア・ハンガリー帝国の公館も置かれていた。だが、もとよりこの時代、外国人賓客がそう頻繁に来日するはずもない。かといってそういう性格の施設である以上、日本人客をどんどん集客することもできないし、そもそも日本人で宿泊できる層は限られていた。客室の稼働はごく低調に推移して、館内も閑散とした日々がつづいた。

開業から半期がすぎて、はじめての営業報告書「有限責任帝国ホテル会社第一回報告」(『渋沢栄一伝記資料』第一四巻掲出)が公表される。それによると、八カ月間の宿泊・食堂・宴会の各部門の集客状況はつぎのようなものだった。

年　月	投宿客数	食事客数	宴会客数
二三年一一月	九六人	三五五人	六一三人
一二月	五五人	九一八人	八四六人
二四年　一月	三五人	四三〇人	七六八人
二月	二九人	三九七人	一〇五人
三月	四四人	三五八人	五一二人
四月	九八人	三四二人	二九六人
五月	一八〇人	四四八人	四一五人

六月	一五三人	三三一人	八一人
合計	六九〇人	三五七九人	三六三六人

最初の六カ月間は、宿泊客が月間一〇〇人に満たない状況がつづいている。一日平均二〜三人というわけで、この間の全六十数室の平均客室稼働率はじつに三パーセント程度。夫婦や家族連れでの宿泊ということなら数字はさらに落ちる。まさに閑古鳥が鳴くという状況である。外国人居留地制度が存在した明治中期までの東京でのホテル経営は、はっきりいえば「無謀な冒険」だった。

帝国ホテルも、それに先立って明治改元直前に開業した築地ホテル館も、そのころの外国人の宿泊需要はごく限られたものだった。遠浅の海に面した築地外国人居留地には大型船が乗り入れられないので、外国商会の人間たちは東京にはやってこなかったし、貿易の拠点がないから外国からの商用旅行者もやってこなかった。また外国政府関係者、政府雇用の学者や技術者などを除けば、一般の外国人は居留地からの出入りが制限されていて旅行も自由にできなかった。その制限がなくなるのは、安政五カ国条約が改正されて明治三二年（一八九九）に居留地制度が完全撤廃されるのを待たなければならなかった。だからこの時代、外国人旅行者で客室が埋まるなどというのは幻想でしかなかった。

食堂に関しては、当代一流の新施設とあって日本人富裕層も訪れることがあったが、それでも一日平均九人程度で活況とはとてもいえなかった。宴会も同様で、当初こそ政財界による支援利用があったものの、それが一巡すれば先細りとなっていった。だから開業翌月から翌年四月にかけて、会社は新聞に年賀広告や営業案内広告をつぎつぎと打ち、なんとか日本人の飲食利用によって営業回復を図ろうとする。

「諸宴会其他出前仕出共精々相働き御軽便専一に御用相勤め申候」(東京日日新聞広告)

一般の方々にも各種宴会をホテルで催していただきたい、会食の仕出しも承るのでぜひご利用願いたい——。開業直後にだされた、切なる願いをこめた広告コピーである。

そういう状況からなんとか脱却しようと、帝国ホテルは二四年八月から一年間の契約でアメリカ人のC・S・アーサーを暫定支配人として雇用する。初の外国人支配人職の採用である。それまで彼は、横浜に明治六年に開業した外国人賓客むけのグランドホテルの支配人を務めていた。その経験を生かして外国人客の集客力を伸ばそうという算段である。月給二〇〇円で、これは会社の最高責任者である横山孫一郎の一五〇円よりもかなり高い。ただ、そう簡単に業績が向上することはなかった。結局、アーサーは契約を一年延長したものの二六年夏で解雇となる。
悪いことは重なる。

- 二七年六月二〇日に発生した震災で大煙突が倒れ、屋根と天井が損壊。修理に四カ月、費用四〇〇〇円を要した。
- 二七年は海外でペストが大流行。もともと少ない外国人観光客がさらに減少した。この年は地震の影響もあり開業以来最低の売上高となる。
- 二八年一月一八日にもまた地震があり、修理に二カ月、費用一二〇〇円を要した。
- 同年七月、日清戦争が勃発。外国人客がさらに減少。食料品が輸入・国産ともに高騰する。
- 同年八月、巨額の無銭宿泊・飲食事件が発生。ドイツ陸軍砲兵中尉シュマハーが宿泊料、宴会料、食事料など合計一一八二円を不払い。

このように開業後の五年間はふんだりけったりの状況がつづいた。ドイツ軍人シュマハー事件は、時代の転換期にあって起こるべくして起こったものかもしれない。

当時の伊藤博文第二次内閣時代に陸軍次官の任にあった桂《かつら》太郎《たろう》は、日本帝国陸軍の軍制を幕末からつづいたフランス式からドイツ式に改めることを強く建議し採択された。この背景には、一八七〇年に勃発した普仏戦争でドイツ（プロイセン）が強国フランスにみごと勝利したことがあった。日本の陸軍は、明治一八年（一八八五）にドイツ陸軍参謀少佐クレメンス・ヴィルヘルム・ヤーコプ・メッケルを招聘して軍制改革を断行していく。

そのメッケルに随行して来日していたのがシュマハーだった。砲兵中尉だから、強いフランス軍を打ち破った最新の砲撃術を前線指揮官として知悉《ちしつ》している。まだ幼稚な日本陸軍にその最新技術を伝授してやろうというのだから、居丈高《いたけだか》となってもおかしくない。そして日比谷に新しく誕生したホテルは、ベルリンの雰囲気をたたえるドイツ・ネオ・ルネッサンス様式の立派な建物である。

「やはりわが祖国は偉大にして、極東の後進国にまでわざわざやってきて教育してやっているのだから、多少の無理は通じるはず」

酒を干し料理をむさぼる日々で、彼はそういう思いを増幅させていったのだろう。メッケル少佐率いる派遣団全体の規律にも、きっと大きな緩みが生じていたはずである。結局シュマハーは本国に送還されて禁錮刑となり、一二〇〇円近い未払い金は本人に返済能力がなかったため、後日ドイツ領事館が弁済して解決した。明治中期の一円は現在の価値で五〇〇〇～一万円程度（ただし換算基準はさまざまな見解がある）で、そうすると約六〇〇～一二〇〇万円。そんな額を無銭飲食・宿泊するというのだからやはり「事件」で、このドイツ軍人の度胸もたいしたものである。

惨憺たる船出の帝国ホテルだったが、業績の低迷は明治三〇年代に入ってもつづき、暗黒の一〇年をすごすことになった。

その闇にようやく明かりが射すのは三二年になってからである。治外法権と外国人居留地制度が撤廃されたことで、外国人のだれもが自由に国内を旅行できるようになり、そのことが大きな転換点となる。これで神戸や大阪にいる外国商人たちも東京へ旅行するようになり、さらに訪日観光旅行もこのころから増えはじめた。

それに先立ってホテル開業三年後の二六年、会社設立の発起人となった渋沢栄一や益田孝らは「喜賓会」という民間組織を帝国ホテル内に立ちあげている。外国人による日本旅行振興のための機関で、旅行案内業務や各種手配代行をする一方で、いずれやってくる外国人旅行自由化にむけて振興政策を政府に働きかけていこうという趣旨だった。

この会は、明治四九年に設立される本格的な訪日外国人旅行促進団体「ジャパン・ツーリスト・ビューロー」（のちの日本交通公社→現ＪＴＢ）のルーツといえる。しかし政府は、治外法権が存在したまま外国人が各地を旅行すると、日本人とのあいだで傷害事件などがあったときに外国のいいように裁判がなされてしまうことを恐れ、自由化にはまだおよび腰だった。

しかし外国人の旅行自由化が実現して、ついにホテルの宿泊・飲食需要を絞めつけていたタガが一気にはずれたわけである。

旅行自由化こそは、実質的に外国人専用といえたホテルを救う唯一の方策だった。帝国ホテルと同時代に開業した箱根の富士屋ホテル(明治一一年開業)、京都の常盤ホテル(二三年、のちの京都ホテル)、築地のメトロポール・ホテル(同)、日光の金谷ホテル(二六年)、軽井沢の万平ホテル(二七年)。これらもまた、本格的に外国人客でにぎわうようになるのは旅行自由化以降だった。

旅行はなんといっても「だれもが自由に動ける」ことが最大の振興策になる。日本人の海外旅行も、昭和三九年(一九六四)の外為法改正を契機とした自由化までは渡航できる人間が限られていた。それが自由化された途端、折からのハネムーンブームも手伝って爆発的に増えた。そんなものである。

三四年一二月、新しい支配人が帝国ホテルに着任する。

ドイツ人のエミール・フライクである。二年でクビになった前任者アーサーに代わる二代目外国人支配人で、営業部長兼任とした肩書は、低迷しつづける業績をなんとしても回復させたいという経営陣の切なる願いを意味していた。月給は三〇〇円の高額だった。商法改正にともなって帝国ホテルは二六年一〇月に有限責任会社から株式会社に移行していたが、取締役でさえ一〇〇円だったのだから、いかに厚待遇だったかがわかる。

フライクは、最新のホテル運営ノウハウを体得した優秀な支配人だった。ホテルの施設、サービス、運営組織のあり方など全般で経営改革案を提議し、それらをつぎつぎと断行していった。社員の意識改革でも大ナタをふるうことが多く、信賞必罰の人事によって辞めていく社員も多数いた。そしてフライクが幸運だったのは、三二年の条約改正で外国人旅行が自由化され、二年後にその効果が急速にあらわれてきたころに着任したことだった。

鉄道整備と外国人旅行の拡大

ただし、自由化だけでは外国人の旅行需要を喚起するには不十分で、そこには強い「動機づけ」が必要である。旅行をする動機をつくりださなければ、需要が急拡大することはない。そのおもな原動力となったのは、国内の鉄道網整備、富国のための殖産興業政策だった。

明治三六年三月から七月にかけて、大阪・天王寺地区は熱気と歓声に包まれつづけた。第五回内国勧業博覧会である。明治一〇年から開催されてきた内国博はこの第五回が最後で、かつ最大規模となった。鉄道網の整備が急速に進んだこと、以前は認められていなかった外国製品の展示がこの回にはじめて許可されたことなどから、外国からの出展参加者数はそれまでとは次元の異なるものとなり、横浜や神戸に拠点を置いている外国商会関係者の参加も増えた。

博覧会にはイギリス、ドイツ、アメリカ、フランス、ロシアなど十数カ国が出品し、延べ来場者数は四三五万人に達した。もっとも目を引いたのはアメリカ製自動車八台の展示だった。鉄道や馬車には慣れていた日本人だが、その箱のかたちをしたものが人間を乗せて道を走る機械だと知るとだれもがびっくりした。会場には夜間照明が施され、イルミネーションや大噴水のライトアップが来場者の視線を奪った。またメリーゴーラウンド、世界一周パノラマ館、幻想的な展示や活動写真が人気の不思議館など、多彩な娯楽施設も日本人来場客をおおいに楽しませることとなった。

一九七〇年の大阪万国博覧会は、東京オリンピックにつづく戦後日本の一大イベントとして熱狂に包まれることになった。内国勧業博覧会は、大阪万博にくらべれば赤ん坊のような規模だったが、国民へのインパクトという点では凌駕《りょうが》するものだったかもしれない。第五回内国勧業博覧会の開催をきっかけとして、国内の産業育成の機運は一気に盛りあがる。さらに諸外国の日本をみる目も変わることになる。

そして三七年には日露戦争が勃発する。バルチック艦隊との海戦や二百三高地の激戦を経て勝利した日本は、翌三八年に講和を結ぶ。だが、樺太《からふと》島南半分の割譲、満洲、朝鮮からの軍撤退に合意するだけで戦争賠償にはいっさい応じないというロシア側の条件を、日本はそのまま呑むはめになる。多大な犠牲を払ったすえの屈辱的な講和内容に不満を募らせた国民は、暴徒と化して内務大臣官邸、国民新聞社、交番などに火を放った。日比谷焼討ち事件である。

悪評ふんぷんの講和だったが、しかし日本は戦勝を契機として経済成長期に入り、戦中はストップしていた外国人の訪日も一気に増加、講和翌年の三九年の訪日外国人数は前年比五三パーセント増の二万五三五〇人という記録がある（ただし正式な政府統計ではない）。さらに日本は満洲、中国北部、朝鮮への進出の速度をはやめ、満洲の経営を請け負った南満洲鉄道（満鉄）は鉄道整備、軍部や内地からの旅行者のための施設開発を断行していく。ホテルはその急先鋒で、大連《だいれん》、長春《ちょうしゅん》、旅順《りょじゅん》、奉天《ほうてん》にヤマトホテルがつぎつぎと開設されていった。

勧業政策とともに国威伸張の原動力となったのは、国内鉄道網の急速な整備だった。維新直後の明治二年、新政府ははやくも横浜～京都間の幹線に加えて、東京～横浜間、京都～神戸間、琵琶湖畔～敦賀間の三支線を鉄道で結ぶ構想を打ち立てた。

幕末のころから幕府や佐賀藩では鉄道導入への関心を高めていて、海路や駕籠にとって代わる新しい移動手段として研究を進めていた。アメリカ政府は江戸・横浜間の鉄道敷設を幕府に持ちかけ、いったんは合意し免許が発効した。しかしその契約期日が新政府樹立（慶応三年一二月九日の王政復古宣言）のあとだったために、明治新政府はこの契約を認めず破棄する。そして新政府はあらためてイギリス政府の助力を得て、明治五年九月、独自に新橋〜横浜間鉄道を開通させた。イギリスから遅れること四七年、アメリカからは四二年後での鉄道初開業だった。

一〇年二月にはつぎなる京都〜神戸間が開通する。さあ、あとは最大目的である横浜〜京都間を結べば日本の大動脈が完成し、人とモノの行き来が一気に増大して勧業振興を後押ししてくれる。関係各方面は興奮に包まれていく。ところが、このあたりから日本は内戦による混乱期に迷いこんで、鉄道網をはじめとした社会基盤整備は一〇年ほどのあいだ途切れてしまうことになる。

急激な中央集権化と廃藩置県でそれまでの権利をすべて奪われた士族たちは不満を爆発させ、佐賀の乱、神風連《しんぷうれん》の乱（熊本）、秋月の乱（福岡）、萩の乱（山口）と内乱が連続した。一〇年二月には、西郷隆盛《さいごうたかもり》のもとに集った九州各地の士族たちが西南戦争を起こす。同時に巻き起こった自由民権運動は政府を激しく攻撃した。その結果、政治機能や財政が滞って鉄道延伸計画もしばらくストップしてしまった。

それがようやく再開されたのは二〇年代に入ってからだった。二二年には悲願だった横浜〜京都間が開通して東海道線が完成し、ついに本格的な鉄道時代が到来した。さらに二五年までには全国各地に五〇社近い私鉄会社が発足し、私設鉄道の一大ブームが訪れる。二三年度には、官設鉄道延長キロ八八六キロメートルに対し、私設鉄道延長キロの合算が一三六六キロメートルに達する逆転現象が起こった。政府は官営・私鉄を問わず国内に鉄道網を急いで張りめぐらせるための「鉄道敷設法」を公布して多額の予算を振りむける。その結果、二六年度には官・私合わせて三二二〇キロメートルだった鉄道路線の合計が、三九年度には二・五倍の八〇四七キロメートルにまで到達した。

大旅行時代の到来だった。徒歩や駕籠《かご》、あるいは乗合馬車で旅する時代はもう遠くすぎ去った。外国人だけでなく日本人も鉄道を利用してどんどん旅行する時代がやってきた。大都市への出張旅行や観光旅行、寺院総本山や神社総本宮・総本社への参詣旅行は大きな運送需要を生みだしていく。

ところで、日本に駐留する外国人はこの時代どれくらいいたのだろうか。

戦前の政府統計である『日本帝国統計年鑑』によると、外国人居留地（函館・東京・横浜・新潟・大阪・神戸・長崎）制度が撤廃される明治三二年時点では全国で一万人強だったが、その六年後には二万人とほぼ倍増した。そこからは日露戦争の影響などで下降線をたどるが、大正に入ると回復し、大正期末には二万五〇〇〇人規模となった。

また訪日外国人旅行者数については、毎年統計をとりはじめるのが大正元年だったために、明治期の年次統計は存在しない。運輸省『外客統計年報』によると大正元年が約一万六〇〇〇人、二年が約二万人というところだった。前述した非政府統計による日露戦争講和後の訪日外客数が二万五〇〇〇人強だったことからすると、明治三二年の外国人旅行自由化以降は一万人から二万五〇〇〇人程度のあいだで推移したと思われる。

帝国ホテルの二代目外国人支配人であるエミール・フライクは、まさにこうした好転期に着任したわけである。

前述のような積極的な運営改革の効果に、事業環境の好転が重なって業績は目にみえて回復していく。開業からずっと一日平均の宿泊客数が数人という状況がつづいていたのだが、三九年になるとそれが六〇人にまで増えた。つまり一人客が大半である場合、客室稼働率は一〇〇パーセント近いことになる。夫婦・家族連れが交じったとしても少なくとも六〇パーセント程度にはなっていたはずである。

また日本人の富裕層も拡大したことで、レストランの客数がどんどん伸びていった。「外国賓客が利用するホテルなる建物で、ハイカラな西洋料理を食べる」ことがブームになりはじめた。株式会社に転換したことで肩書を会長とした渋沢栄一をはじめ経営陣は、ほっと胸をなでおろした。

「いっそのこと株式会社組織を解散して、個人企業としてやりなおしてはどうか」

一時はそんな意見が勢いを持ち、経営責任追及の切羽詰まった空気が株主会を支配したが、ようやく危機を脱するめどがついた。スタート時からつづいた一〇年間もの低迷を乗りきれたのは、この時代ならではともいえる。時代の大転換期に財閥や企業群を急形成して飛ぶ鳥を落とす勢いの株主たちばかりだったからこそ、辛抱ができたというものだ。いまのような不特定多数による株式制度のもとであれば、とっくに会社解散が決断されたことだろう。

帝国ホテルは外務省が建設を決めて宮内省が最大株主となった半官半民の事業だったが、経営責任はあくまで会社が負う。窮地《きゅうち》に陥ることになったところで政府は絶対にめんどうなどみてくれない。株主となった百戦錬磨の渋沢も名だたる政商たちも、そのことを知り抜いている。政治家や官僚は信用するものではなく利用するもの。そう考える者ばかりである。だからなんとしても自力で経営を軌道に乗せて、大きな負債を残して解散するような事態だけは避けなければならなかった。もしそんな事態になれば、財界の盟主たる自分たちの沽券《こけん》にかかわる。

苦難の一〇年をなんとか乗りきって、帝国ホテルの運営現場に希望の明かりが射してきた。閑散としていた二階と屋根裏の客室階にもゲストや従業員の行き交う姿が目立つようになり、夜間は客室が明かりで満たされるようになった。レストランも、つねに満席というほどではないものの、歓談のにぎわいがホールの空間に反響することが多くなった。

現場従業員たちの表情にも明るさがもどってきた。奉仕できる歓び。いまの言葉なら、ホスピタリティーの発揮。選ばれて日本初の国策迎賓ホテルに働く矜持、それが傷つき、仲間が解雇されて現場を去り、彼らは不安を抱えながら出社する毎日を送った。だが、そういう状況はようやく解消された。

「欧州のホテルの状況視察を兼ねて一度、ドイツに帰国したいと思うのですが」

エミール・フライク支配人はある日、そういう相談を会社に持ちかけた。相手は実質的な会社トップである横山孫一郎だろう。

運営改革を断行してその成果をあげ、外国人旅行自由化の恩恵に浴したとはいえ確実に業績を回復させてきた腕利きの支配人である。無下に断ることもできない。欧州の最新ホテル事情を視察してくるというのも、今後のホテル経営になにかしら役立つだろう。会社はそういう判断をくだして彼の帰国を認めた。三九年二月から半年の予定だったが、それもまたこの時代ならではの悠長さといえよう。現場トップが半年間も休暇をとることなど現代では考えられないが、エミールの兄であるカール・フライクがその代役を務めるという条件で会社は裁可した。

ところが、そのあいだに不幸がやってくる。エミールはもうすぐ日本にむけて出発しようという八月、祖国で心臓病によって急逝する。そして支配人代行の兄カールもまた、そのほぼ一年後に東京で病死してしまう。このあとスイス人のハンス・モーゼルが支配人となるのだが任期は短く、それをもって四代（アメリカ人、ドイツ人兄弟、スイス人）にわたった帝国ホテル草創期の外国人支配人の系譜は途切れることになる。

そして帝国ホテルはいよいよ日本人支配人の時代へと移り、運営の舵とりをまずは林愛作、つづいて犬丸徹三《いぬまるてつぞう》という二人の稀有なパーソナリティに託すことになる。

明らかになった初代料理長の素性

「ヨーロッパの文化を東京に移植する。その理念にもとづけば、食堂で提供する料理はフランス料理以外に考えられぬ」

ホテル開設にあたって、経営陣はそう決定をくだした。建築や運営体制構築についてはドイツ流が基本となり、ドイツ人支配人やドイツ留学帰りの日本人建築技師に任せることになった。だが、レストランの料理は、やはり世界随一の文化を誇るフランス料理をおいてほかにない。この点については、パリ滞在の経験を持つ渋沢栄一理事長も井上馨外務大臣も当初から同意見だったはずである。ホテルが開業してからは伊藤博文、井上馨、大隈重信らもフランス料理目当てにたびたびホテルに足を運んだ。

「それでは料理長をだれにするか」

フランス人にするのか。それなら日本にいるだれが適切なのか。日本人ではどうなのか。そんな討議がたびたびされたことだろう。そうして白羽の矢が立ったのが、鹿鳴館で調理を担当していた吉川兼吉《よしかわかねきち》だった。

嘉永六年（一八五三）生まれの吉川は、鹿鳴館の以前には横浜のグランドホテルに勤務していた。そこで彼にフランス料理の調理法を伝授したのはルイ・ベギューである。ベギューは慶応四年に開業した築地ホテル館の料理長を務め、それが不運にも廃業したことでグランドホテル初代料理長となっていた。横浜を去ったあとは神戸居留地に移り、オリエンタルホテルを創業して料理長を兼任した。このホテルは現在の神戸オリエンタルホテルの元祖で、後世になって「東の帝国とニューグランド、西のオリエンタル」と評されるほどの名門ホテルとなる。そしてこのホテルの厨房は、日本フランス料理界の黎明期を支えた多くの日本人料理人を輩出していった。

そのベギューに正統派フランス料理の技法を叩きこまれた吉川は、鹿鳴館開設とともに厨房をまかされて、欧米の高官たちの舌を満足させた。そして、それほどの腕があるのならば、と帝国ホテル初代料理長に抜擢されたわけである。

ただ、この初代料理長については、鹿鳴館出身というだけで長いあいだ素性がはっきりしなかった。この稿の底本である『帝国ホテル百年の歩み』(一九九〇年発行)も初代料理長名を「吉川 某《なにがし》」とするだけで、本人についての解説はまったくない。かろうじて姓だけはわかる、という程度だったのだ。それは、大正一一年に初代本館が全焼して、初期の重要書類がすべて焼失してしまったせいである。配下の料理人たちの記憶から歴代料理長の素性・経歴がなんとかわかるのは第四代の内海藤太郎《うつみとうたろう》以降であって、第二代の荒井金兵衛、第三代のジュロン(フランス人)についてもやはり詳細不明だという。

吉川兼吉の素性がついに明らかになったのは二〇〇九年のこと。彼が、息子の吉川林造《りんぞう》とともに著した直筆による料理指南書が吉川家から発見されたことで判明したのだった。前菜からデザートまで二八六種類の料理レシピが絵入りで記され、食材や食事作法についても解説を加えた厚さ一〇センチ以上もある分厚い料理指南書は、桐箱に入れて大事に保管されていた。しかし吉川家ではその存在がすっかり忘れられていて、長い歳月を経たのち偶然みつかったのだという。

この直筆本発見とともに兼吉の経歴もはっきりした。帝国ホテル初代料理長就任までの経歴は前述のとおりだが、明治三九年に宮内省から乞われて、天皇の供御《くご》・饗宴などをつかさどる同省大膳寮《だいぜんりょう》に移った。俗にいう〝天皇の料理番〟である。その役位で有名な秋《あき》山徳蔵《やまとくぞう》は吉川の後輩にあたる。つぎには、伊藤博文に呼ばれて李氏朝鮮の料理長を務めることになった。それから昭和一〇年に現地で亡くなるまで、朝鮮にずっと滞在した。

料理指南書執筆で兼吉を補佐した息子の林造は、一時期ではあるが帝国ホテルの厨房に勤めていたらしい。そうであれば父親の記憶、記録が職場の料理人たちのあいだで共有されていてもおかしくないのだが、林造は料理人にありがちな寡黙な職人気質の持ち主だったのかもしれない。あるいは七光ととられることをきらい、父親のことをほとんど口にしなかったのかもしれない。そして、兼吉本人もまた同様の気質だったのかもしれない。

吉川家に長年眠っていた桐箱入りの料理指南書は、発見とともに帝国ホテルに寄贈された。それによって、初代料理長がつくっていたフランス料理の内容とレシピが克明にわかった。ホテルにとっては国宝級の発見であり財産である。寄贈を受けた帝国ホテルの田《た》中健一郎《なかけんいちろう》総料理長（当時）はさっそく、記されていたレシピをもとに当時の料理を再現した。その料理は「伝統のフルコース～初代料理長 吉川兼吉 特別メニュー」としてレストラン・ラ ブラスリーで提供された。

ホテルが開業したころ、レストランでどんなフランス料理が提供されていたのか。それは、料理指南書の発見を待つまでもなく、一般客に配られたコース料理のメニュー表によってわかる。開業一カ月後の一二月八日のメニュー表（晩餐）が社史に掲載されている。

Potage à l'Oseille　オゼイユ（西洋すかんぽ）のクリームスープ
Suzuki Bouilli Sauce aux Huîtres　鱸のボイル 牡蛎のクリームソースがけ
Faisans aux Choux　キジのローストキャベツの蒸煮添え
Cotelettes de Veau Sauce Piquante　仔牛の骨付背肉 エシャロットと酢漬キュウリのソース
Haricots Verts　さやいんげんの蒸煮
Sarcelles Rôties au Cresson　小鴨の蒸焼 クレソン添え
Pouding Diplomate　果実入りプディング
Cheese Toast　チーズトースト

キジ、仔牛、鴨――。肉料理の過剰さはこの時代のコース料理の特徴といえる。とにかく肉料理を食べさせることが〝最高のもてなし〟だったのだ。一般客むけディナーでさえこうなのだから、賓客を招いての晩餐会ともなればさらに肉料理のオンパレードとなるのが通例だった。現代の人間なら、よほどの大食漢でもなければ辟易《へきえき》することだろう。コースディナーの料金は一円で、朝食は五〇銭、昼食は七五銭だった。ディナー料金は、現在の価格で一万円ほどになろうか。ちなみにこの時代の警察官や教員の初任給は一〇〜二〇円だった。

それを提供するレストラン施設はどんな具合だったのか。

渡辺譲設計による本館一階の平面図をみると、ロビーにあたる「広間」の右横に「朝飯室」があり、その右奥に小宴会にも使える「臨時会食室」があって、レストラン施設はこの二つだけである。メインレストランに相当する主食堂施設がないのだが、この二つを状況に応じて使いわけていたということだろう。

朝飯室は六〇人ほど、臨時会食室は一四〇人ほど、合計で二〇〇人を収容することができた。また広間の奥にはホテルで最大面積を持つ「踏舞室」があるが、ここは大宴会室を兼ねていて、大人数での宴会やパーティーが開催されるときはテーブル席を配置して対応した。収容人数は五〇〇〜六〇〇人。また独立棟の主厨房とべつに設けられた本館内厨房は面積六七坪で、これに加えて、踏舞室と臨時会食室に面する場所に配膳室（いまでいうパントリー）二室が設けられていた。

「施設は数百という大勢の客を迎えるに足り、五大陸の水陸の珍味佳肴《ちんみかこう》も注文あり次第直ちに供しうる」

ホテル開業披露宴で株主代表としてあいさつした渋沢栄一は、そういって胸を張り、最先端のフランス料理と立派な食堂・宴会施設を誇った。

第二章　拡大戦略の失敗と会長交代

メトロポール・ホテルの合併吸収

帝国ホテル開業の半年前の明治二三年五月、築地外国人居留地に一軒のホテルが開業した。居留地の外国人とそこを訪ねてくる旅行者を顧客とする「クラブホテル」で、横浜にある同名ホテルの東京支店という位置づけだった。それまでこの場所にはアメリカ公使館があったが、同年に榎坂町（現在の同国大使館がある赤坂一丁目）に移転したため、横浜のクラブホテル経営者であるイギリス人、ジョンストンが借地権と建物を譲り受け、公使館建物を改修して二〇室のホテルを設けたのだった。

このホテルは二五年になって施設を大規模改修し、レストランも質の高い料理をだして居留地の外国人たちに好評となった。いまの聖路加国際病院がある場所だが、当時はすぐまえが砂浜で、蒸し暑い東京の夏が苦手な外国人客にも、海風が心地よいと評判だった。ホテルは三一年になって「メトロポール・ホテル」と名称変更し、敷地も二〇〇〇坪ちかくに拡大。イギリス政府関係者の利用も多くあって順調な経営をつづけていた。

ところが三二年に築地居留地が廃止されて外国人の東京での行動が自由となると、しだいに業績は下降線をたどるようになる。ジョンストンはじめ複数人の外国人で構成する経営陣は、将来性に不安を感じてホテルを売却することにした。

これを買収したのは、横浜株式米穀取引所理事長、横浜銀行専務を務めていた平沼延治郎《ひらぬまえんじろう》だった。

名古屋の豪商・瀧《たき》家の次男に生まれた延治郎は、乞われて平沼専蔵《せんぞう》の長女の婿養子となった。開港から横浜を拠点とした専蔵は、生糸取引や相場で巨財をなして一大財閥を築いた人物である。貴族院多額納税者議員、衆議院議員も務めたが、その徹底した拝金主義には眉をひそめる者も多かったという。養子となった延治郎は、日露戦勝による株価高騰に乗じて一〇〇〇万円という巨利を生み、養父をいたく感心させる。

専蔵には嗣子がいたので、やがて延治郎は分家をして事業家として独立した。戦後景気を踏み台にして事業を急拡大し、養父の背中を追いかけた平沼延治郎は、それから横浜財界の期待を一身に集める若手リーダーとなっていった。

そして三八年五月、旧築地居留地のメトロポール・ホテルの経営権および借地権を四万円で取得した。さらに資本金二〇万円で株式会社メトロポール・ホテルを設立し、アメリカで法律を学んだ山中光次郎《やまなかこうじろう》を支配人に抜擢してホテル経営に乗りだした。外国人相手のホテル経営は時代の先端的な事業で、財界人として箔《はく》をつけるうえでも役立つと考えたのだろう。

しかし、この時代の寵児《ちょうじ》をいきなり危機が襲う。明治四〇年のはじめ、沸き立っていた日露戦勝景気は雲散霧消し、株価がいきなり半値以下となってしまう。株取引で事業を拡大してきた平沼は窮地に立った。

そのころ、外国人旅行自由化と戦勝景気の恩恵で業績を回復させていた帝国ホテルは、客室や食堂施設のキャパシティ不足問題を抱えはじめていた。開業から一〇年ほどは極度の不振にあえぎ、会社解散＝個人経営移行の議題さえ株主会でのぼるほどだったが、それがうそのように客数が増えていた。

そこでまず一〇万円を投じての増築を決定した。本館の裏手に木造二階建ての別館を設けることにして、三八年八月に着工、翌年一〇月に工事は完了した。別館は客室二八室、小食堂四か所、浴室・トイレ各八か所というものだった。また、この別館設置と並行して本館の大改修工事もおこなわれ、客室、食堂、広間などの内装が一新された。

ただ、これだけではまだ不足だった。そこで狙いを定めたのがメトロポール・ホテルの合併吸収だった。これにはキャパシティ不足を補うと同時に、増築の噂も持ちあがっていたメトロポールとの競合を回避する目的もあった。四〇年一月下旬に開かれた臨時株主総会で、帝国ホテル株式会社と株式会社メトロポール・ホテルが合併、新たに株式会社帝国ホテルを設けて存続会社とすることが決まった。新会社の資本金はそれまでの倍の一二〇万円となった。メトロポール・ホテルが予定していた増築計画は帝国ホテルの手によって実行され、それに別館客室が加わって、全体の客室規模は初代本館だけのころからほぼ倍増することとなった。

一方、メトロポールの代表である平沼延治郎はこの合併実現のころ、すでに極度に追いこまれていた。ホテルの経営権譲渡などは、津波のように膨れあがっていた株の損失をカバーできるものではまったくなかった。自らの投資商いが大損失を被ったうえに、専務取締役を務めていた横浜銀行の多額の融資も回収不能に陥っていた。窮地の横浜財界の仲間たちを助けるためにおこなった融資がつぎつぎと焦げついていたのだ。

合併話をなんとかまとめた平沼は、帝国ホテルの臨時株主総会で正式にそれが承認された二カ月後の三月末、横浜から忽然と姿を消した。実家である名古屋の瀧家に立ち寄って家族とのひさしぶりの再会をよろこんだというところまでは判明したが、そのあとの消息はまったく不明だった。そして四月に入って、大分県山中の名勝・耶馬渓《やばけい》で彼の死体が発見された。投身自殺だった。

「天外飛報あり。横浜の平沼延治郎氏、身を耶馬の渓流に投じ、遂に逝くと。(中略) 運命の狂波に翻ろうされ、死神の導くところとなる。余輩はひとりその人の変を悼むのみならず、横浜市のためこの名珠の砕けたるを哀惜す」

中外商業新報(のちの日本経済新聞)はそんな美文調で大きく伝えたほか、主要紙がいっせいに自殺を報じた。株暴落の影響を強く受けて暗鬱としていた横浜財界に大きな衝撃が走った。養父の財閥の知名度もあって、財界の新星はそれだけ大きな期待を背負っていたのである。葬儀には伊藤博文、井上馨、大隈重信らが代理人を送った。

渋沢から大倉へのバトンタッチ

メトロポール・ホテルを傘下に収めて築地支店とし、さらに別館を建てて客室規模と食堂の席数を倍増させた帝国ホテル。だが、この満を持しての拡大戦略は裏目にでる。

前述したように、築地居留地の廃止からメトロポール・ホテルの宿泊客は減りはじめていたが、国策ホテルの支店として再出発したからにはふたたび活気をとりもどすはず、と経営陣は考えていた。ところがそうはならなかった。まず築地支店の業績が目にみえて悪化していく。

もう居留地の外に自由にでることができるようになったので、旧メトロポール・ホテルの顧客たちは築地に止宿する必要もなく、グランドホテルとしての格を備えた立派な帝国ホテルに泊まることを望んだ。実際に築地支店の客が減ったぶん、本店の客が増えるという状況が生まれていた。思惑は完全にはずれたわけである。

イギリス公使館は皇居近くの旧大名・旗本屋敷跡（現在の千代田区一番町）にあったし、前述のようにアメリカ公使館も築地居留地を明けわたして榎坂町に移転していた。フランス公使館も現在の九段南に置かれていた。つまり外国勢の東京での拠点は、旧築地居留地から西の皇居周辺域へと完全にシフトしていた。だから外国人旅行者たちも、それらの公使館にちかい日比谷に止宿したほうがなにかと都合がよかった。

それからは本店である帝国ホテルの業績もやがて下降線をたどるようになった。平沼延治郎を自殺に追いこんだ日露戦勝景気の崩壊、その影響は確実に日本経済を蝕《むしば》んでいた。外国人むけの迎賓ホテルではあるが、レストランや一般宴会の客は日本人のほうがもともと多かった。その客足が潮が引くように遠のいていった。さらには、日本の急激な景気悪化を懸念した外国商人たちも様子見で来日をひかえるようになり、客室も空きが目立つようになっていた。

メトロポール・ホテル買収のための出費と増資、別館増築と本館大改修の投資――。収入がどんどん減り、負債は膨らむ一方だった。開業後一〇年の暗黒時代をなんとか乗りきって好業績がつづき、さあ急いで負債解消をと思ったのもつかのま、またも経営は闇のなかに入りこんでしまった。経営陣のあいだにふたたび失望が広がり、緊張が走った。


会長の渋沢栄一は古稀を迎えていた。九一歳まで生きた長寿の渋沢だが、七〇歳になってさすがに無理もきかなくなり、事業育成に賭けてきた情熱も薄らぎつつあった。

「このへんで退こうと思う。後任は大倉喜八郎さんで、いかがか」

取締役会で彼はそう提議し、明治四二年六月、帝国ホテル会長を正式に退任した。ホテルだけでない。第一国立銀行を前身とする第一銀行と東京貯蓄銀行を除いては、関係するすべての会社の役職引退をこころに決めていたのだった。

渋沢とともに会社設立発起人代表になり、理事、取締役として帝国ホテルの後ろ盾となってきた大倉は渋沢よりも二歳年上である。にもかかわらず大倉はその推薦を颯爽《さっそう》と受ける。維新期には武器をとり、のちに将軍慶喜の御用を務め、明治政府を辞したあとは殖産興業の旗振り役として大車輪の活躍をした渋沢に対して、彼は在野の政商でありつづけた。

やりつくした感のある渋沢とちがって、大倉はまだ身を引くことなどさらさら考えてはいない。息子の喜七郎《きしちろう》が後継の意を強くしていたので、家督の威光をさらに増しておかなければと考えていた。なにしろ八〇代になってなお、女中頭や妾に三人の子どもを産ませた怪傑である。まだやり残したことがごまんとあり、まだまだやれると思っていた。

帝国ホテルの会長を引き受けた大倉だが、このころも多忙をきわめていた。ビール三社を合同させた大日本麦酒の設立を主導し、帝国製麻（現帝国繊維）、東海紙料（現東海パルプ）、日清豆粕製造（現日清オイリオ）、日本化学工業、日本皮革（現ニッピ）などをつぎつぎと設立した。

なかでも明治三九年の大日本麦酒設立は画期的なできごとだった。大倉は、北海道庁からの施設払い下げで札幌麦酒（現サッポロビール）を設けて事業を成長させていたが、このころビール人気がうなぎのぼりとなって競争は一気に過熱した。日本麦酒（恵比寿麦酒の製造元）、大阪麦酒（現アサヒビール）との三つ巴《みつどもえ》による激しい販売合戦が展開され、利益はどんどん薄くなっていた。

危機感を抱いた大倉は、日本麦酒社長で三井物産重役も務める馬越恭平《まこしきょうへい》に働きかけて三社合併を画策し、そのはてに大日本麦酒が発足したのだった。社長には馬越が就任し、大倉は監査役として裏方にまわった。このあと同社は東京麦酒も傘下におさめて、四社による市場占有率はじつに七割に達した。この大合同はしかし、戦後の財閥解体のあおりを受けてまた分割されることになる。

積極的な興業の一方で、大倉の事業には予期せぬ阻害要因も生じた。

官庁集中計画推進のために大倉と大阪の藤田伝三郎が手を結んで設立した有限責任日本土木会社は、帝国ホテルを竣工させたわずか二年後の明治二五年一二月、解散を余儀なくされていた。またその兄弟会社で軍需品調達を一手に請け負っていた内外用達会社も同時に解散となった。それは、政府が新たに施行した「会計法」のためだった。それまでは公共工事や軍需品用度はこれら特定事業者が特権的に受注していたのだが、ついに一般競争入札による選定方式に改められたのだ。既得権益にどっぷりと浸かって組織を肥大化、硬直化させていたこの両社には、もはや激しい競争を勝ち抜いていくだけの気概はない。大倉はそう判断するしかなかった。

ふたたび困難な状況に迷いこんでしまっていた帝国ホテル。その第二代取締役会長に就任した大倉は、お荷物となっていた築地支店であるメトロポール・ホテルを一時休業して、繁忙期だけ営業する体制に移行させた。また東京で急死したカール・フライクの後任として帝国ホテル支配人を務めていたスイス人のハンス・モーゼルを解雇した。外国人支配人の給与水準はこのころ経営首脳よりも高く、業績が回復しないとあっては切るしかなかった。収入がどんどん細っている以上、支出削減は急務だった。

財界重鎮による林愛作の説得

ハンス・モーゼル支配人は、着任からいろいろと改善策を実行してみたものの業績が回復することはなかった。それならば解雇はやむをえないとして、その代わりをだれにするのか。これは会長交代以前から取締役会で話し合われていた喫緊の課題だった。

外国人相手の迎賓ホテルだから、もちろん外国人に対する営業センスを持ち合わせ、応接儀礼をわきまえていることが支配人には求められる。だが、またも外国人を招聘するとなれば、高額の給与を支払いつづけなければならない。どうせいずれ、外国人ではなく日本人が支配人となってホテルを牽引していくことが不可欠となる。

「それなら、国際的な感覚を持った日本人ならどうなのか。いまでは外交官などの官吏だけでなく、民間人でも海外で商業に立派に従事している者がいるが」

あるとき取締役会で、そういう提案がなされた。

そうして白羽の矢が立ったのが、ニューヨークで美術商の仕事をしている林愛作だった。林は、大阪に本店がある日本古美術商の山中商会のニューヨーク支店営業主任として、長く現地に滞在していた。明治初頭に起きた大規模な廃仏毀釈《はいぶつきしゃく》運動によって、寺院や貴重な仏具が粗末にされ、破壊されたり焼き払われたりした。それを避けるために寺院から持ちだされた仏教美術品がこの時代、数多く欧米の市場にでまわり、買われていた。また浮世絵なども大人気となっていた。そうした日本古美術を海外の顧客に紹介し、販売することを林は仕事としていた。

英語に堪能であることはもちろん、彼にはアメリカとヨーロッパの富裕層を相手にすることで築いた広範な人脈と経験があった。ホテルの経験こそまったくないが、そうした営業スキルは欧米客の迎賓ホテルである帝国ホテルが求めていたものと合致した。さらに林は商用でアメリカ国内やヨーロッパを旅するうちに、一流ホテルについての審美眼や利用経験を高度なものにしていた。

帝国ホテル入社後の林愛作

取締役会で林のスカウトを発議したのは大倉喜八郎だろう。そして渋沢栄一がそれを強く後押しした。あくまで推測だが、父親の大倉喜八郎には、長男の大倉喜七郎が進言したのではなかったか。

のちに父親のあとを受けて帝国ホテル会長の座につく喜七郎は、慶應義塾大学卒業後にケンブリッジ大学トリニティーカレッジに留学した、この時代の典型的なハイカラ青年である。カーレースへの興味が高じてイタリア製レーシングカーでモンタギュー杯レースに出場、みごと二位に入り、自動車五台を手土産に帰国してのち、日本初の自動車輸入会社・日本自動車を立ちあげるなどした。おおらかで貴族的なふるまいから、周囲からは「バロン・オークラ」などと呼ばれた。父喜八郎の大倉組は明治八年にロンドン支店を設けていたので、喜七郎も迷うことなくロンドンを留学先に選んだのだろう。

そういう青年だったから、九歳年上で、ニューヨークを拠点に米欧の富豪相手に堂々と美術品ディーラーをやっている林愛作に対して、尊敬と憧憬の念を抱いていたとしても不思議ではない。

「父さん、ぜひ林さんにお願いするべきです。これからの日本のビジネスはそういう国際感覚とスキルを持つ人間がどうしても必要です」と、そんなふうに父親に対してアドバイスしたのではないだろうか。

それは、つぎの「林愛作談話日記」(財団法人龍門社による筆記記録)からも推察することができる。林が帝国ホテル支配人(取締役兼務)を引き受けた経緯を語ったこの一文のなかに、喜七郎の名が真っ先にでてくる。ただし、これは文脈からしても本人が喜八郎を喜七郎といいまちがえたか、あるいは筆記者の聞きまちがい、記述ミスの可能性も大なのだが。

龍門社は、渋沢栄一の長男である渋沢篤二《とくじ》（廃嫡）と書生たちが興した私塾が母体で、現在の渋沢栄一記念財団の前身である。昭和一四年二月二三日、林愛作自邸で龍門社・石川正義によって聞き書きがおこなわれた（以下は渋沢栄一財団資料より抜粋）。林は当時、帝国ホテル退職後、常務取締役支配人として迎えられた西宮の甲子園ホテルをふたたび辞し、鎌倉の自邸で新規事業の構想を練る毎日を送っていた。

明治四十二年に私がニユーヨーク（当時氏は、ニユーヨーク在日本古美術商山中商会主任）より帰朝して、大阪の山中に暫く滞在しておりました。その時大倉喜七郎さんや、大阪の藤田伝三郎氏・松本重太郎氏等が直接にや、又手紙で、今度帝国ホテルで外人の支配人を廃して日本人にすることにしたが、適任者がなく是非君に御願ひしたいと再三勧告して来ました。

私は永く山中商会におりまして、いろいろ向ふにも深い取引関係があり、ニユーヨークの生活にも慣れておりますし、どうもホテルに入ることを躊躇したので、頑として応じませんでした。

ところが其後渋沢子爵などよりも、松本重太郎さん等に、たつての私の帝国ホテル入りの勧誘を依頼して来まして、私の知らない間に、山中商会の方に話をつけてしまつたのです。
こうなつては、私も決心せざるを得なくなりまして、それでは御懇望に応じますと答へ、その代り懸案になつてゐる帝国ホテル改築を私が実行する事と、私が支配人になつた以上、株式会社帝国ホテルでなく、林愛作の帝国ホテルと考へてすべてを一任してもらひたいと答へました。渋沢さんは、そう云ふ熱心な人なら猶更結構、林愛作のホテルで充分思ふ様に経営してもらひたいとの事でした。こうして話が漸くまとまつたのはたしか四十二年の八月だつたと思ひます。
偖《さて》、私がホテルに入つてから、私もニユーヨークで色々こうした方面には経験もあり、自信もないことはありませんでしたので、私の抱負をどんどん実行し、幸ひ経営もうまく行つて利益をあげて行く事が出来ました。(原文ママ)
山中商会は大阪に本社があり、そのために大倉喜八郎の僚友である在大阪の藤田伝三郎と、渋沢栄一と親交が深い松本重太郎《まつもとじゅうたろう》が林の説得に動いたわけである。藤田は前述したように、大倉と手を組んで日本土木会社や内外用達会社を興していた。また松本は銀行、紡績、鉄道など多くの企業の設立・経営に参画し「東の渋沢、西の松本」と呼ばれるほど関西財界に名をとどろかせていた。こうした東西財界の重鎮たちに直に口説かれ、さらには「私の知らない間に、山中商会の方に話をつけられて」しまっては、日本に帰国してホテルをやることに気乗りがしなかった林も、さすがに考えをあらためざるをえなかった。

そうして〝とどめ〟となったのが、渋沢栄一が松本重太郎に書き送った長文の書簡だった。「山中商会と林を説得するために、ぜひ力を貸してもらいたい」と懇願する内容である。日付は明治四二年七月一六日。松本が渋沢の意を伝えるためにそうしたものか、あるいは林が松本に切望したのか、書簡は愛作自身が所有するところとなり、林家の家宝として大切に保管されてきた。毛筆・文語体の書簡文面は難解で知識がないと判読は困難だが、渋沢栄一記念財団資料に活字版があるので、あえてそれを全文引用しておく。

> 其後以外御疎情ニ打過候得共、老台益御清適御坐可被成抃賀之至ニ候然者一事特ニ懇願仕候ハ、貴地山中商店紐克《ママ》之主任者林愛作氏を此度帝国ホテル会社ニ於て取締役兼支配人ニ撰任いたし度ニ付而ハ、従来同氏山中店と格別之縁故も有之、尋常一様ニてハ辞任之事被行申間敷ニ付、何卒老台ニ於て林氏将来之得失、殊ニ其軽重等をも御講究被下是非とも山中店及本人をも御説得之上、小生等之企望行届候様御尽力被成下度

候、元来此帝国ホテル会社ハ明治二十三年より開業せしものニて、表面営利会社ニハ候得共、先般来追々海外人之来遊ニ関し旅舎之必要有之候より、其筋ニても大ニ奨励せられ、終に帝室ニ於て主なる資本御支出之上設立せし次第ニて、爾来外国人ニ経営為致候得共、何分不充分ニ付、此度ハ断然日本人ニ主幹を托し度と其人物之撰択ニ種々費心之末、乃ち林氏より外適任者無之と申事ニ相成、益田・大倉両氏其外之人々ニも色々評議を尽し、小生より此段老台ニ相願、山中店へ之説得ハ偏ニ老台之御厚配を仰候都合ニ御坐候、尤も林氏東京滞在中一寸其段内話ハ仕置候間、尚御聞合も被成下、呉々も前陳請願之義相達候様御取扱被下度候、右拝願まて早々如此御坐候　敬具

七月十六日

渋沢栄一

松本重太郎様

梧下

この手紙の肝心なところを意訳すると、つぎのようになろうか。

「山中商会の主任者、林愛作氏を今回、帝国ホテル会社において取締役兼支配人に選任したいと考えておりますが、貴下は従来、山中店とは格別のご縁をお持ちであり、なにとぞ

山中店と本人への説得につきご尽力を賜りたく、ここに切にお願い申しあげるしだいです。明治二三年に開業した帝国ホテルは、表面上は会社形態ではありますが、外国人の宿泊施設設置が必須との判断からその筋（外務省）の推奨を受け、帝室（宮内省）からも出資をお願いしているところであります。これまで複数の外国人支配人を起用しましたが、思うように成果があがらず、このたびはぜひ有能な日本人支配人に託すべく決議し、ついては林氏のほかに適任者なしとの判断に至ったしだいです」

林愛作という異能

林愛作は明治六年（一八七三）六月、父千代吉、母キサの長男として群馬県の現在の太田市に生まれた。千代吉は生糸取引で財をなした名士だったが、相場で大失敗して貧乏暮らしとなった。愛作は一三歳になると横浜に移り、親戚が営んでいるタバコ卸商で小僧奉公に精をだす。横浜での生活は七年になったが、その間、横浜外国人居留地のアメリカ人宣教師について英語を学び、教会に通ううちにキリスト教に傾倒していく。また第一高等中学校（のちの旧制一高）の予備校で一年半学んだ。

そして二五年、一九歳のときに一念発起してサンフランシスコにむけて旅立った。現地では絹織物などを日本から輸入販売していた日系のシバタ商会に入り、一心に働くのだったが、この経験が山中商会で活躍する下地となったようだ。そのうち母親のような歳のアメリカ人女性、ミス・リチャードソンと知り合い、彼女が保護者兼後見人となってマサチューセッツ州の名門校、マウントハーモンスクールに入学した。クリスチャンとなった林は仕事と学業と両立させながら勤勉に生き、やがてウィスコンシン大学を卒業。それから山中商会ニューヨーク支店に入社して活躍したのだった。

当時、日本人商人がニューヨークの社交界に受け入れられることはまれだったが、林はその数少ない一人だった。商談やパーティーの席で富豪や美術商たちと堂々とわたり合い、仕事とニューヨーク生活を謳歌していた。ヨーロッパの富豪たちにも顧客が多く、商用で大西洋をわたることもたびたびだった。そういう暮らしが気に入っていた林だから「どうもホテルに入ることを躊躇したので、頑として応じませんでした」と最初は帝国ホテル入社を丁重に断っていた。しかし彼の雇用先である山中商会も、関西財界の重鎮たちからたっての願いと頼まれては、林を力ずくで説得するしかなかった。

「ここは一つ、お国のため、新時代の商売であるホテルを君の思うようにやってみてはどうか。ニューヨークでの経験はおおいに役立つはずだ」

山中商会としては、米欧営業のエースである林を退社させることはたいへんな痛手だったはずだが、仕方なくそんなふうにアドバイスしたのだろう。説得にあたったのは山中商会創業者である山中吉郎兵衛《やまなかきちろべえ》と、その娘婿でニューヨーク支店設立に尽力し、のちに商会経営を引き継ぐ山中定次郎《さだじろう》だった。

その山中商会は、明治一九年（一八八六）に京都で外国人顧客むけの美術工芸商会の設立に加わり、創業した。二七年にはニューヨークに、その三年後にはボストンにも支店を設けて、アメリカでの販売事業を拡大していく。林青年がサンフランシスコのシバタ商会で絹織物の販売に精をだしていたころである。ニューヨークではマンハッタンの一等地である五番街に店を構えていた。そのあとシカゴ、ロンドン、北京にも支店をだした。日本の古美術品は明治四〇年代後半から政府の保護の動きが強くなったので、山中商会は代わって、義和団の乱などによる混乱で美術品が大量に持ちだされるようになった中国古美術に販売対象をシフトしていった。

山中商会から強引に送りだされて、ついに帝国ホテルに入ることを決意した林愛作。彼は明治四二年八月一八日、正式に支配人に就任するのだが、それに先立って会社役員たちに二つの条件を突きつけたのだった。

一　いずれ本館は新しくする必要があろうが、そのときはわたし自身が計画を策定し、実行させていただく。

二　株式会社帝国ホテルとしてではなく、林愛作の帝国ホテルと考えて、営業全般にわたる権限を全面委任していただく。

東西財界のだれもが知る重鎮に強く乞われて引き受けたという体裁なのだが、それにしてもずいぶん強気な条件である。ニューヨークで身につけた自信、度胸、弁論術、交渉術が発揮された結果だろう。だが一方で、それを経営陣に呑ませることによって覚悟を決め、自ら退路を断つという思いもあったにちがいない。いかにも海外に躍動した明治の男らしい気骨といえる。

「渋沢さんは、そう云ふ熱心な人なら猶更《なおさら》結構、林愛作のホテルで充分思ふ様に経営してもらひたいとの事でした」（林愛作談話日記）

そう林が回想したように、渋沢にしても、こういう気骨があって自分からどんどん主張するような男が好きだったのだ。自身もまた寡默などとは無縁の、おれがおれがと主張してやまない猪突猛進の性格だった。名主とはいえ農家育ちから一転、一橋家に仕えるようになり、慶喜が将軍になると幕臣としてとり立てられ、明治政府に出仕してからは大蔵省高官にまでのぼりつめた。その立身出世の過程ではいつでも、自己主張の強い勝気な性格が味方をしてくれた。「男は多くを語らず」などという美学はそこにない。

帝国ホテルでは長く外国人が支配人を任されていたが、ついに日本人が運営トップの座についた。明治も末期のことだが、これは画期的なことだった。オーベルジュやインのような形態の小規模ホテルならともかく、日本と首都を代表する外国人迎賓ホテルであれば、やはり支配人には西洋式の応接儀礼のセンスが不可欠である。林愛作は既述のような特異な半生を送ったことから、それを満足させることのできる数少ない男だった。

一九歳で日本を離れてサンフランシスコにわたり、それまでとおなじくらいの歳月をアメリカですごした。没落したので実家からの経済的援助は一銭たりともなく、すべて自分で道を拓いていくしかなかった。幸運にもミス・リチャードソンという奇特な援助者があらわれて働きながらの学業を支えてくれたものの、異国での孤独な暮らしは、はじめのころは辛いことの連続だったはずだ。

それを乗り越え、ニューヨーク社交界に人脈を築いていった胆力と我慢強さは、結果としてこの先、極東の島国で安易に高待遇を求めてきた外国人支配人たちよりも、高い営業成績とマネジメント能力を帝国ホテルにもたらすことになる。林支配人の誕生に先立っては、内海藤太郎がフランス人のジュロンに代わる第四代料理長となった。運営責任者と料理長がともに日本人となって、新たな帝国ホテルのページが開かれたのである。

林は、取締役会で正式に取締役兼支配人への就任が決まると、施設面と人的要素の課題について、さっそくつぎのような五項目からなる基本方針を掲げて社内に周知した。

①本館にはまだ修繕もしくは模様替えなどを要する箇所が少なくない。また、各室の設備装飾などは改善を要する。
②わが国を代表する大ホテルとして発展するためには、欧米からの外国人客に十分満足を与えその旅情を慰めるとともに、東京における内外紳士淑女のための社交機関たらしめることが必要である。
③そのためには内外各部の設備装飾はむろんのこと、食器、什器、料理法に至るまで、最新かつ流行の先端をゆく必要がある。その資金はいかに大きくても経営上もっとも有益な投資であり、回収は容易である。
④消耗品の節約。その効果は近い将来現れるはずである。
⑤支店メトロポール・ホテルの経営については、投資額に対して株主の満足を得るだけの収益をあげるのはきわめて困難である。

——『帝国ホテル百年の歩み』より引用

国内外の紳士淑女を十分に満足させるだけの最先端、最高のサービスを提供するが、一方で消耗品の節約は徹底する。これは、ともすると「最高のサービス」というミッションの裏に潜みがちな支出管理の甘さを徹底排除していかないと、会社は立ちいかなくなるという戒めである。林は、旧式だったホテル会計方式をアメリカ流の複式簿記に改め、伝票類の管理体系も一新した。それによってコストで大きな比重を占める食材や酒類の在庫管理が徹底された。ニューヨークの合理主義社会に生きた林らしい改革といえる。

後期高度成長期からバブル期にかけての黄金時代にも、日本のホテル業界は料理・飲料部門での在庫管理規律にかなりの緩みがでてしまい、バブル崩壊後に一気に締めあげることになった。調理、サービス、バーなどの各部門にある程度委ねていた発注と在庫管理の方式を撤廃し、専門部署を立ちあげて集中コントロールする方式にあらためたのだ。そうしたシステムは米欧でははるかむかしから導入されていたが、日本のホテルでは売上規模の大きな料理・飲料部門の発言権がむかしから強く、なかなか改革が進まなかった。林は、それと同様のことを明治期にすでに実践していたのである。

支店のメトロポール・ホテルは、大倉喜八郎新会長のもとで繁忙期のみの営業体制に改められていたが、その施設内容や集客状況をつぶさに検証した林は、さらに投資しても効果がないばかりか、出血が止まらずに株主に多大な迷惑をかけると判断した。株主の権利が優先されるアメリカのビジネス社会でもまれた、林ならではのアドバイスだった。

さらには、この五項目の基本方針を実現していくための欠くべからざる要素として、建築の壮麗、装飾の美観、設備の完全、食饌《しょくせん》の精進、社交場裡の中心——の五つの標語を社員に対して掲げた。最後の「社交場裡の中心」は経営陣と社員、さらに自分自身にむけた教訓だった。日本と東京の社交の中心として、それに十分に応えられるだけの品格と国際的な応接儀礼をしっかり備えて維持していかなければならない、それがあればこそ外国の賓客をもてなすことが可能となる、という意味だ。これもまた、ニューヨークとヨーロッパ各国の社交界で富豪たちと交わってきた林だからこその説得力のある言葉といえる。

アイデアマンの彼は新サービスの導入にも積極的だった。

まず、ホテル内に郵便局を設けて外国人旅行者の便宜を図った。ホテルに居ながらにして郵便や小包を海外に送ることができるので、宿泊客にとてもよろこばれた。急速に路線網を拡大していた鉄道の管理官庁である鉄道院と交渉して、ホテル内で切符販売をできるようにもした。さらに東京観光にむけたハイヤーサービスのための自動車部も設けた。外国人観光客のための英文観光案内誌『ＭＵＳＡＳＩＮＯ』も発刊した。発行コストは有料広告掲載で賄った。林は、ゲストニーズに先手を打って応えていく姿勢をなによりも大切にした。

明治四三年、ホテル内に洗濯部を設けたのも林の発案だった。宿泊客の洗濯物、ホテルで使うシーツ、テーブルクロスなどのリネン類を自社工場で一手に処理する態勢を整えたのである。ニューヨークとヨーロッパを頻繁に行き来していた林は、旅行者にとって宿泊先でのランドリーサービスがどれほど大事かを肌で知っていた。

それ以来、帝国ホテルのランドリーサービスは外部委託をしない自社完結を現在でも貫く。できないシミ抜きはないというほどの高い技術や、二〇〇種を超すボタンの在庫をつねに維持し、とれていればすぐにつけなおすといった配慮で、一〇〇年以上にわたって世界の顧客を満足させつづけている。そのグレードと認知度の高さは、ハリウッド映画作品のキアヌ・リーブス演じる主人公のセリフにも反映されたほどである。

支店経営や別館新設などの拡大政策が裏目となって経営を停滞させていた帝国ホテルだったが、こうした営業施策が功を奏して、業績は三年半ほどで立ちなおり、最盛期だった明治四〇年ごろとおなじレベルにまで回復した。

とはいえ、それは営業努力だけによるものではなかった。この背景には、居留地制度の完全撤廃から外国の商社が東京につぎつぎと拠点を設けるようになったことがあった。それによって訪日外国人客も増え、神戸や大阪の商人たちが東京とのあいだを行き来する機会も一気に増大していったのである。日本の旅行・宿泊産業は新たな時代に突入していた。

第三章

ライトの波瀾の人生、そして来日

フランク・ロイド・ライトと林愛作

明治二三年に開業した初代本館は、前述のように〝実質木造〟の構造であり、かつての日比谷入江の軟弱地盤に築かれた建築だった。竣工から二〇年以上が経っていろんなところに不具合が生じていたし、林支配人の目には、設備や調度のあらゆるものが陳腐化し、迎賓ホテルとしてふさわしくないものと映っていた。

じつは林愛作が支配人に就任するかなり以前の三〇年代末ごろから、新本館建設の構想は持ちあがっていた。しかし、まだ会社には巨額の新規投資をおこなうほどの力がないという判断から、とりあえず別館を設けて当面はしのごうということになった。そのうち経営状況がすっかり回復したことで構想がふたたび動きだし、新本館建設が現実味を帯びてきた。林は支配人就任を受諾するにあたって「本館を新しくするときは、自分が計画を策定して実行する」という条件を経営陣に提示し、了承させていた。ついにそのタイミングが到来したのだった。

経営回復に加えてもう一つ、新本館建設が急務となる背景があった。それは東京で明治四五年四～一二月に開催されることが決まった日本大博覧会だった。日露戦勝記念として、日本の産業発達を世界に示すための博覧会開催が建議されたのをきっかけに、政府は四〇年にその開催を決定していた。万国博覧会の名称こそ使われなかったが、実質的な万博として外務省は世界の主要国に参加出展を要請し、一五〇〇万ドルの資金拠出を連邦議会で決めたアメリカをはじめ、主要国は参加に積極的な姿勢をみせていた。

しかし開催予算が想定をはるかに超えて膨らんだことなどから延期となり、さらに四五年七月三〇日、明治天皇が崩御したこともあって、やがてこの日本大博覧会は中止が正式に決定する。開催されれば、参加国から多くのビジネス客が東京にやってくるはずだったし、日本の産品も海外にどんどん宣伝されて商用旅行の需要が大きく喚起されるはずだった。

帝国ホテルにとってこれは残念至極だった。とはいえ初代本館の老朽化、陳腐化も看過できないレベルに達している。経営陣は、大博覧会中止の報にも迷うことなく新本館の建設を決断した。このころには東京に主要国の商社がどんどん拠点を置くようになっていたので、博覧会がなくても外国人の宿泊需要は伸びつづけるという確信を経営陣は持っていたのである。

明治天皇が崩御して年号は大正に改まる。帝国ホテルにとっての新しい時代がやってくる。それは第二の創業ともいえる、フランク・ロイド・ライト設計による新本館の登場である。

たしか大正二年頃でしたか、愈々《いよいよ》ホテル新建築の話が具体化して来ましたので、私は一人で取あへず設計者と建築者を物色することになりました。私はニユーヨーク時代に、建築家ライトと古美術の商売上の関係で昵懇の間でしたので、大正三年頃（大正二年の誤り＝筆者注）にたまたまライト氏が日本漫遊で来朝しましたので、ホテルの建築のことを相談した。

然し、もしライトの設計と、それに基く建築費の目算が重役会で否決されたなら、折角ライトに好い設計をしてもらつても報ひることが出来ないと正直にライトに言つた。するとそれでもよいから、とにかくやつてみようとの事で、東京にゐる間大体の構図をつくつてみた。

それから大分時日が経つて、大正六年（大正四年の誤り＝同）でしたか、愈々土地もきまつて、建築方針も大体確立したので、この際一応大戦直後の欧米の模様も知りたいと思つて、ともかくアメリカに行き、色々視察した結果、ライト氏と最後的な相談のためシカゴで氏と会見した。

ライトは、私の信頼に感動して、私の信念を貫徹させる為と、日本建築の上に一つの新しい型を創造すると云ふ芸術的抱負のために、利害を無視して、設計を引受けてくれました。それでシカゴより二・三百哩はなれた田舎のライト氏の宅（ウィスコンシン州スプリンググリーンのタリアセン＝同）に、私と二人で閉じこもり、私も細かく自分の意見を述べて設計を完成した。その構図と予算の大体を見積つて私は帰朝し、重役会にかけて、三百五十万円以内でやりたいと言つて賛成の決議を得ました。

この林愛作の回想内容は、前章でも引用した財団法人龍門社「林愛作談話日記」のものである。いよいよ建設が決まった新本館の設計を、林はニューヨーク時代からの友人であり、すでに有名建築家となっていたフランク・ロイド・ライトに任せることを決めていたのだが、これは、その交渉経緯を語った内容だ。林愛作の存在なくして、日本の近代建築史に大きな足跡を残す二代目本館、いわゆる「ライト館」が誕生することはなかった。

ライトは偉大な建築家であるが、その本業とはべつにビジネスマンの顔も持っていた。浮世絵など日本古美術のたいへんな愛好家、蒐集家であり、大量の浮世絵を入手してアメリカの美術館に転売していたディーラーでもあった。それほどだったから、日本古美術販売の山中商会ニューヨーク支店主任として活躍していた林愛作と出会ったことは、当然の帰結といえた。それからは頻繁に情報交換をしつつ、ライトは林から直接、浮世絵を買いつけることもあった。

ライトは、帝国ホテル新本館の設計を請ける以前、日本を二度訪れ、浮世絵や錦絵を買いつけている。さらに設計・監理のための滞在中にも、何度も蒐集行脚をしている。それらをアメリカの主要美術館や富豪たちに販売していたわけだが、この総数は二万点におよんだという専門家の見解がある。ニューヨーク・メトロポリタン美術館、ボストン美術館が収蔵している浮世絵コレクションのなかにもライトが蒐集したものが多数あるようだ。

そうした蒐集マニアぶりについて、自ら語った書簡の一文がある。帝国ホテル設計のために来日して仕事に打ちこむものの、建設用地の使用許可が政府からなかなか下りずに悶々《もんもん》とするなか、彼の師であるシカゴ派建築の巨匠、ルイス・サリヴァンに宛ててしたためたものである。日付は一九一九年四月一〇日。話は前後することになるが、ライトの人柄に触れることのできる内容なのでここで引用する（これ以降に引用するライト書簡内容はすべて『フランク・ロイド・ライト 建築家への手紙』内井昭蔵訳より）。

何度もお便りしようと思ったのですが、ほとんど四六時中仕事に追われ、実際日本に着いて以来、業務上の手紙と母に宛てた2、3通の手紙を除いては1通の便りも書いていないのです。仕事の手があいたと思うと、ここの人々はこぞって錦絵の誘惑に私を駆り立てます。（中略）しかし私は、抜け目のない画商の目にもまだ触れたことのない秘蔵の逸品を2つの古い一族から手に入れることができました。アメリカに戻ったら、版画業界に一大波紋を投じるつもりでいます。金儲けのためにはクールに、徹底的にこの計画を押し進めるのです。（中略）信じてもらえないかもしれませんが、私の錦絵には最高17万円以上、ドルにして85，000ドル以上もの値がつけられているのです。たいへんな額なので考えるたびに自分でも恐ろしくなります。この金の卵に私はすべてをかけているのです。

アメリカの建築界に大きな影響を与えたライトの師、サリヴァンだが、このころにはすっかり仕事にあぶれ、多額の借金を抱えてオフィスをたたむしかない状況だった。かつて仕事の受注方法をめぐって不仲となり決別した師弟だったが、追い詰められたサリヴァンは、ライトにたびたび借金依頼の手紙を送る。これは、そういう状況のなかでのじつに不思議なやりとりである。

先生が先生なら、弟子も弟子だ。困窮をきわめる先生に対して、浮世絵ビジネスがいかに莫大な利益を生むかの自慢話を滔々《とうとう》とするのだから無神経といわざるをえない。もっとも、林愛作との知遇から帝国ホテルの仕事を請けることができたライトもまた、このころアメリカ国内では後述するような事情から仕事のオファーがまったくなく、失業同然の身だった。

そんなライトが妻をともなってはじめて日本を訪れたのは明治三八年（一九〇五）。ミシガン湖畔のまち、ハイランドパークで設計監理を手がけたワード・ウィリッツ邸の竣工を記念した海外旅行で、ウィリッツ夫妻とともに来日したのだった。四人は四カ月をかけて日本をまわり、日光の金谷ホテル、箱根の富士屋ホテルにも止宿した（ただし別行動が多かった）。たびたび訪れていたわりには、日本の建築についての見解をライトはほとんど書き残していないのだが、伝統要素をとり入れた折衷様式のリゾートホテルは、彼の目にどう映ったのだろうか。

それからだいぶ経過した大正二年、すでに取締役支配人としてホテル運営を陣頭指揮していた林は「日本漫遊で来朝した」ライトと面会する。来日の目的は浮世絵の購入だったのだが、ライト自叙伝では「天皇の招待で」ということになっている。明らかな虚飾で、宮内省が帝国ホテルの最大株主であった経緯を林から聞き、のちに意図的に拡大解釈したのだろう。このとき、後述する愛人のメイマー・チェニーが同伴していた。林はこの機を逃さず、アメリカ人建築家に話を持ちかけた。

「日本の、そして東京の顔となるべき新しいホテルの設計を、ぜひあなたにお願いしたいと考えている。ついてはその素案をまとめたい。ただしこれはまだわたし個人の見解だ。もし重役会でその案や建築費概算が否決されれば、あなたの努力に報いることができなくなるが、どんなものだろうか」

林の問いかけに、ライトはあっさりとこう答える。

「そうなったら、なったで仕方がない。いいじゃないか、とにかく構想を練ってみよう」

そしてライトが東京に滞在しているあいだに、二人はおおまかな設計素案をさっさと練りあげてしまう。仕事は時間をかければいいというものではない、大事なのは集中力と熱情だということを、この一件は教えてくれる。

設計依頼の最終の詰めのため、林が妻と建築家の吉武長一《よしたけちょういち》をともなってアメリカにライトを訪ねたのはその二年後だった。第一次世界大戦が終結にむかい、ひさしぶりにアメリカの最新事情を視察したいという思いも林にはあった。随行した吉武は、日本を代表する建築家でライトと親交のあった武田五一《たけだごいち》の弟子だから、専門的な面からライトの設計哲学や理念を林に伝える役割としては、まさに適任者だった。

林は、東京にいるあいだにいっしょにまとめた素案から、ライト以外に依頼すべき人間はいないと決心しており、この男とともに理想のホテルをつくりあげてみたいと切望していた。ただし理想を追うだけでは商業施設の開発はできない。予算の適正化と費用対効果があくまで大事である。「新本館建設は、わたし自身が計画を策定して実行する」という確約を経営陣からとりつけてはいたものの、幾度もの経営危機をしのいできた帝国ホテル経営陣にしてみれば、やはり投資については厳格にならざるをえない。林はそこで、ライトのもとを訪ねてゆっくりと時間をかけながら、経営陣に納得させるための設計原案と建設費の概算を詰めるつもりだった。

ライトの住宅兼オフィスである「タリアセン」は、ウィスコンシン州スプリンググリーンにあり、それは現在もフランク・ロイド・ライト財団（アリゾナ州スコッツデール）の管理施設として運営されている。そこに林はライトとともに閉じこもり、作業に打ちこんだ。職種も人種もちがうが、互いにおおいに通じ合うものがあった。ライトは、林の理想と信念を貫徹させるために、さらに、東洋の新興国の建築史に自分の名を刻みつけてやろうという野心のもとに、この設計事案を引き受けようとこころに決めていた。

そうしてできあがった設計原案と予算概算書を、林は帰国ののち臨時株主総会に提出する。計画は延べ床面積六〇〇〇坪、総工費約一三〇万円、工期二年というものだった。総会席上での採決結果は可だった。ただし結果的に、総工費も工期もまったく守られることがなかったばかりか、とんでもない超過となってしまう。そしてそれがのちに、林とライトの辞任もしくは解任の主因に発展してしまう。

ライト、波瀾の人生

このころのライトがもし多忙であったなら、帝国ホテルのライト館はこの世に存在しなかったかもしれない。日本にとっては幸いなことに、そして本人にとっては不幸なことに、当時は仕事の発注がまったくなく、ほぼ失業状態だった。それは自身が招いた不倫スキャンダルのせいだった。

ウィリッツ夫妻とともに初の日本旅行にでかける前年の一九〇四年、シカゴ西郊のオークパークにチェニー邸が完成した。屋根の高さを低く抑えて水平に建物が展開する、あの有名なプレイリースタイル（草原様式）で建てられた家である。こともあろうにライトは、この家の施主であるエドウィン・チェニーの妻メイマーと恋に堕ちてしまったのである。ライトは五年前に結婚したキャサリンとのあいだに六人の子を儲けていた。その子だくさんが、不倫をしたうえに本妻に離婚を求めるのだった。怒り心頭に発したキャサリンはもちろん応じなかった。

するとライトは一九〇九年になって、なんと家庭を捨てて設計事務所もたたみ、メイマーとヨーロッパへ逃避行してしまう。斬新なプレイリースタイルの流行建築家としてメディアでさかんに紹介され、時代の寵児となっていた彼の不倫スキャンダルは、やはりメディアにとって格好のネタとなり大々的に報じられる。なおライトは、そんな境遇であるにもかかわらず、滞在していたベルリンで『フランク・ロイド・ライト作品集』（ヴァスムート社刊）を編集・監修する仕事をやってのける。これはヨーロッパの建築家たちに大きな影響を与えた名著である。

二年後に二人は帰国したのだが、ライトのもとに住宅設計の依頼がくることはなかった。家というものは家庭の幸福の象徴である。そのつくり手が双方の家庭を破壊した背徳者とあっては当然だろう。しかも彼の父ウィリアム・ライトも祖父も牧師で、そのことも報道を煽《あお》る結果となった（ウィリアムと妻のアンナはライトが一八歳のときに離婚）。妻キャサリンも依然として離婚には応じなかった。

ライトは、シカゴから距離を置くため故郷のウィスコンシン州に移り、メイマーと同棲するための住宅、オフィス、アカデミー、農園などからなる壮大な邸宅を建てる。母アンナの尽力で親戚から譲り受けることになったスプリンググリーンの丘陵地、そこに完成した家は「タリアセン」と命名された。ウェールズ語（母方一族はウェールズ移民）で「輝ける額」という意味のこの建築は、陽あたりのよい傾斜地と一体となるように建つ、やはりプレイリースタイルである。

後期黄金時代の傑作の誉れ高いカウフマン邸（落水荘）、ジョンソンワックス社ビル、グッゲンハイム美術館などもここで設計がおこなわれたわけだから、ライトにとってアイデアの源泉といっていい場所なのである。私企業のジョンソンワックス社ビルを除けば、タリアセンも含めて「フランク・ロイド・ライトの二〇世紀建築作品群」として世界遺産に登録されている代表的建築である。

スキャンダルから仕事の依頼は激減していたが、このタリアセンの建築はたいへんな評判となり、やがて少しずつ仕事の依頼がもどりはじめる。ライトにとってこの邸宅建設は、メイマーとの第二の人生を歩みだす大きな契機となった。

しかし、こののどかな丘陵に建つ平和な住処《すみか》を突然、大きな悲劇が襲う。

一九一四年八月一五日の昼。住宅のダイニングルームで給仕をしていたバルバドス出身の黒人の使用人、ジュリアン・カールトンが、いきなりガソリンをまいて家に火を放った。そして逃げ惑う家族やライトの門弟たちをつぎつぎと斧で斬殺する凄惨な事件が起きた。この事件でメイマー、休暇で遊びにきていた前夫との子どものジョン（一二歳）とマーサ（九歳）、食卓をともにしていた建築技師、設計士、造園家など合わせて七人が死亡した。ライト自身は、巨大飲食施設のミッドウェイ・ガーデンズの工事監理でシカゴに出張中だったので難を逃れた。犯人のカールトンは逮捕の直前、大量の塩酸を飲んで自殺を図ったが死にきれず、取調べにも動機を話すことはいっさいなく、逮捕からずっと食を断って七週間後に獄中で餓死した。

ここで、このころのライトと林愛作の行動記録を時系列にまとめておく。

一九〇四年。オークパークのチェニー邸が完成。ライトはメイマーと恋仲に。
一九〇五年。ライト夫妻がウィリッツ夫妻の招待ではじめての日本旅行。
一九〇九年八月。林愛作が帝国ホテル支配人に就任。
一九〇九年。ライトがメイマーとヨーロッパへ逃避行。
一九一一年。ライトとメイマーが帰国。
一九一三年。林が来日したライトと会って、新本館の設計素案をまとめる。

一九一四年。タリアセンが完成。
一九一四年八月。タリアセンの悲劇が起こる。
一九一五年一二月。林たちが渡米。タリアセンで基本設計と建築費概算をまとめる。
一九一六年三月。契約覚書を正式にライトと交わし、林たちは四月に帰国。
一九一六年一一月。臨時株主総会はライト設計による新本館建設を正式承認。

この一二年間の歳月にはたいへんなドラマがあり、林とのあいだでは濃密な仕事の時間が流れている。タリアセン事件の翌年に林はその場所にライトを訪ねているのだが、はたして事件のことを知っていたのか、知らなかったのか。そしてライトだが、事件の衝撃と哀しみを必死に抑えての対応だったのか、それとも私事にはすっかりふたをして仕事に没入する性質だったのか……。どうも後者のような気がする。駆け落ち先のベルリンでも作品集の編集作業に打ちこんだライトである。仕事とプライベートは完全に切り離す。天才クリエーターにはそういう人間が少なくないのだろう。

いずれにしても、不倫スキャンダルからアメリカ国内での仕事を失っていたライトは、極東の島国のホテル開発計画に再起を賭けようと一念発起した。大正五年（一九一六）一二月に来日した彼は、帝国ホテル本館の一室にオフィスを構え、憑かれたように設計のペンを動かしていく。ここは「愛人とその子ども、門弟たちを一瞬にして失ったショックを振り払うように」としたいところだが、実際はちがった。なんと、新たな恋人のミリアム・ノエルをともなっての来日だった。天才建築家の手のはやさには驚き入る。こうした彼にまつわる〝背徳の美学〟も、ライト研究者を世に数多く生みだしてきた一因といえるだろう。彫刻家のミリアムは日本訪問に積極的だったが、二人は滞在中、彼女の精神的混乱もあって喧嘩の連続だったらしい。翌六年の夏には設計作業のほとんどが完了する。

また「林愛作談話日記」にもどって言葉を引くことにする。


直ぐ当面した問題は、ライトの複雑な芸術的設計に、誰が責任をもつて建築にあたりうるかと云ふ事でした。日本にも大倉組・清水組等ありますが、こう云ふ日本の請負業者はどうしても信頼することが出来ません。それで私は自ら直営の建築を決意し、その建築の技術的責任者としては、当時シカゴにおりましたアメリカ一流のコンストラクシヨン・エンヂニアであるミユラーに依頼することにしました。私はアメリカ時代よりミユラーにも知己を得てゐましたが、人格識見、技術とも優れた建築家です。

早速私はこのミユラーに、叮重《ていちょう》に、来朝とホテル建築を乞ふてやりましたところ、容易に承諾しません。それで最後には、どうか日本の文化のためにと懇望して、遂に承諾を得て、愈々《いよいよ》来朝し、建築にとりかゝることにしました。

建築の門外漢ではあるが、ライトの芸術性と設計理念を理解していた林は、その独自性をちゃんと実現できる者が施工を統率しなければ、満足のいく建物は完成しないと読んでいた。通常の西洋建築であれば日本の建築会社に任せることはできる。しかしライトの建築は、完成後のライト館の威容をみてもわかるとおり、並大抵の造作技術ではない。その設計意匠を確実に施工図面に落としこんで構築していくには、やはり忠実に工事を監理するコンストラクションマネージャーをあいだに置かないと無理だ。そう林は判断したのである。「日本の請負業者はどうしても信頼することが出来ません」というのは、そのことをいっているのである。

大倉喜八郎の大倉土木組とその前身の日本土木会社は、鹿鳴館、初代帝国ホテル、工科大学本館、日本銀行、東京郵便電信局などを建てているし、清水組は幕末から明治初期にかけて築地ホテル館、第一国立銀行、三井銀行第一号である為換バンク三井組、さらに明治末期には三菱鉱業高島炭坑端島坑（軍艦島）、日本初の本格鉄骨造建築である日本橋丸善本店ビルなどを建てている。西洋建築の経験が浅いわけではないのだが、長らくアメリカ暮らしをしていた林はそうした経緯を知らなかっただろうし、やはりアメリカ流でどうしてもやりたかったのだろう。それにこのころの日本の建築会社は、鉄筋コンクリート（RC）造建築でまだ本格的な展開には至っておらず、RC造の大規模建築となるライト設計の新本館を単独で請け負うだけの蓄積、経験が十分でなかった。

ついては、ビル建築などでたびたびパートナーとなってライトのことを深く理解しているドイツ系アメリカ人技師、ポール・ミュラーにコンストラクションマネージャーとしての就任を依頼した。ところが彼は、はるか遠い異国で長期滞在することに気後れしたものか、その依頼に色よい返事をしない。これには、ミュラーが二つ返事で引き受けてくれると思っていたライトも驚き、焦った。

最終的にはライトが直に説得してなんとか合意に達することができ、大正八年（一九一九）六月になってミュラーは電気技師のスミスをともなってやっと来日した。日本にももちろん建設工事での電気設備を担当する電気技師はいるが、わざわざアメリカから呼び寄せたのにはわけがあった。新本館建設では、厨房のオール電化をはじめ電気設備が多く導入されることになっていた。それは地震や火災への対策であり、いずれ日本も本格的な電化時代が到来するというライトの読みによるものだった。

新本館建設工事は八年九月にいよいよ着工するのだが、これはライトが設計を終わらせてからじつに二年以上が経過してのことだった。遅延の要因はミュラーの件だけではなかった。政府と帝国ホテルの約束事に関する事案のほうがむしろ深刻だった。

初代本館の隣接地、つまり新本館であるライト館が建つ予定の場所にはこの時代、内務大臣官舎およびその付属施設が建っていた。それを移転することで新本館建設用地として貸与してもらおうと、渋沢栄一らは明治三〇年代末から同省と交渉をつづけていたのだが、なかなか進展しなかった。当然かもしれない。渋沢ら財界の重鎮が経営陣に名を連ね、宮内省も出資したとはいえ、帝国ホテルは一民間企業である。その都合で政府官舎を明けわたしてくれというのは、内務省の立場からいえばとんでもないことである。しかも帝国ホテルは、かつて激しくぶつかり合った外務省による官庁集中計画の置き土産だ。

新本館（ライト館）の基礎工事風景。後方は焼失前の初代本館

そこで経営陣は一計を案じた。代替地としての霞が関の官有地に、大臣官舎と付属施設を帝国ホテルの手当てによって新築し、それを寄付するという条件を提示したのだ。結局、同省はこの案に乗って新本館建設用地借用の交渉は一応、決着する。大正五年九月のこ

ようやく開始されたライト館建築工事。加工前の大谷石が地面に並んでいる

とである。そして霞が関の新官舎は合意二年後の七年九月に竣工したのだが、旧官舎の解体がおそろしく長引き、ホテル用地としての借用許可がようやく正式に下りたのは九年一月のことだった。すでに新ホテル建設工事は着工していたものの、そのために新本館自体の工事には着手できず、動力室棟（地下と地上二階）を先行して建てていた。

　ライトのいらつきは最高潮に達していた。先に引いた師ルイス・サリヴァンへの書簡（一九一九年四月一〇日付）の後半に、こんなふうに愚痴を述べている。

政府も実にやることが遅く、1つの件を処理するにも悠久の時を要するかと思われます。（中略）れんがも石もすべて手配して現場に積んであります。労働者も集め、いつでも工事に取りかかれます。それなのに敷地にはまだ政府の建物がいくつか残っていてどこうともしないのです。政府に売る権限がなく、また移設する費用もないのです。ですから建物は依然としてどっかり腰を据えています。私たちはどうやらそれらを取り囲んで新しい建物を建てなくてはならないようです。

――『フランク・ロイド・ライト　建築家の手紙』より

合理主義の天才建築家にとって、わけのわからない理屈と権威主義でいろんなことを先延ばしにする日本政府のやりかたは、とてもではないが理解できるものではなかった。なお「れんがも石もすべて手配して現場に積んである」というのは、ライト館の壁面や内装材として多用されたことで知られる大谷石や装飾タイルを指しているのだが、ライトが書簡を送ったこのころ（一九一九年四月）、大谷石については搬入がほぼ終わっていたものの、装飾レンガについては最終的に製作、調達を終えたのは一九二一年の後半だった。『帝国ホテル百年の歩み』には、組んだ足場のなかに建物がようやく姿をあらわしてきたという時点での現場写真が掲載されているが、足場の手前には加工されるまえの大谷石がたくさん積まれている。

ライト館が存在しなかった可能性も

フランク・ロイド・ライトによる二代目帝国ホテル本館、ライト館は、あるいはこの世に存在しなかった可能性もあった。

ニューヨークの山中商会に在籍したころからの知り合いであるライトと運命共同体の関係を築き、帝国ホテル新本館のプロジェクトに打ちこんだ林愛作だったが、じつは、その統括を任された当初、ライトとはべつの建築家に新本館設計を依頼していたのだ。

その建築家とは下田菊太郎《しもだきくたろう》である。工部大学の造形学科に学んだ彼は、主任教授の辰野金吾と折り合いが悪く、卒業間際で中退してアメリカにわたる。そしてシカゴ建築界の巨匠であるダニエル・バーナムの事務所に就職して、鉄骨建築の設計研究にいそしんだ。それから独立してシカゴで自分の設計事務所を開設、アメリカ人女性と結婚して市民権も得た。またそれ以前、奇《く》しくも彼はシカゴのフランク・ロイド・ライト事務所に働いたことがあるのだが、どうやらライトとの折り合いが悪くすぐに退職したらしい。

明治三一年（一八九八）に日本に帰国して東京に事務所を開設するが、日本で普及を目指した低廉鋼鉄建築法をめぐって辰野金吾とふたたび対立。東京を避けて横浜に拠点を移し、さらに上海に移住して国際派建築家としての名声を築いた。現在も美術館施設として存在する長崎の旧香港上海銀行支店ビル（明治三七年竣工）は彼の設計になる。

帝国ホテルの林支配人が下田に白羽の矢を立てたのは、そのころ彼が設計を担当した神戸のトアホテルが大きな評判となっていたためである。ドイツ資本により建てられた洋館のこのホテルは、全室にバスルームを備え、「スエズ運河以東で最高のホテル」と称されていた。

帝国ホテル内にはじめて洗濯部を設け、いよいよ新本館構想を具体化させた明治四四年（一九一一）、林愛作は上海にいる下田に手紙を送り、帝国ホテル設計の意向を打診する。もちろん下田はこれを受諾し、急いで設計素案をまとめて日本に帰国、林と面会する。林はその案をたいへん気に入り、さっそく重役会に諮った。設計案については下田自身が著述していて、それによるとつぎのような構想だった。

建物は近代化するが、外国人客の感興を呼び起こすために平等院鳳凰堂をモデルとした略型屋根を載せる。建物の内側に中庭を設け、箱根、日光、厳島、松島など日本の景勝をそのなかに模倣再現し、説明書きも添える——。

中庭を囲んで建物を配置する意匠は、どこか、南北に客室棟を置いて中央棟とのあいだの空白部分に庭や池を設けたライト館に通じるところがあった。下田の設計案は結局、重役会に諮られたあとに明治天皇が崩御した混乱から事業化が中止となり、そのまま正式採用されることはなかった。

のちにライト館が姿をあらわすと、下田はその建築意匠に対して「自分の設計案を真似たものと断言するほかない」と憤り、盗作であるとのクレームを帝国ホテルに持ちこんで係争する。そしてホテル側もこれを完全に否定、拒否することはせず、結果的に下田に対して慰謝料を支払っている。

はたしてほんとうに「盗作」だったのか、外国人旅客の感興を呼び覚ますための仕掛けとしてたまたま意匠が似てしまったものか、それは不明のままである。ホテル側が下田の言い分を否定しなかったのも、苦労の末にようやく船出した新しいホテルに無用な騒動を持ちこみたくなかったからと考えることもできる。もちろん逆の見方もできる。あるいは林が、下田の設計原図をライトにみせて「こういう構成も考えられるが」と意見を求めるようなことがあったのかもしれない。そしてライトもまた、それを素直に受け入れて自分の設計に反映させるところがあったのかもしれない。だがいずれも、裏づけるに足る証左はなく推測の域をでるものではない。

ただ、つぎのような関係性は建築史家たちのあいだで認められている。

下田は先に「平等院鳳凰堂をモデルにする」との意匠コンセプトを打ちだした。そして下田の後任として設計を正式受注したライトは、一八九三年開催（ライト二六歳のとき）のシカゴ万国博覧会に日本館として建てられた、平等院鳳凰堂をモチーフとする「鳳凰殿」に高い関心を示し、万博会期まえからその日本様式の建築工程をつぶさに目にしていた。アドラー＝サリバン設計事務所の社員だったライトは、この万博にさいして「交通館」を設計して工事監理を現場でやっていたのだった。

つまるところ両者ともに、十円玉に描かれているところの中堂と南北の翼廊、尾廊を回廊でつなぐその構成を頭に描きながら、帝国ホテル新本館をイメージしていたということなのである。ライトの場合は、それが帝国ホテル設計案として具現化されるのは少々あとのことになるが、とにかく偶然、遠く離れたアメリカと日本の両方の地に、鳳凰堂とそれに似せてデザインされた鳳凰殿という二つの建築にインスパイアされた建築家がいたわけである。

林愛作がライトに設計を正式依頼するためにウィスコンシン州のタリアセンのもとにむかったのは、下田に設計依頼をした四年後のことだった。

建築メンバーの顔ぶれと地盤対策

めんどうきわまりない旧内務大臣官舎の撤去交渉、それと並行して進めるしかなかった新本館建設工事は、ようやく撤去作業が進展したことで本格的に進行していくことになる。

先に引いた林愛作の談話にもあったように、建設工事では、施工全般を帝国ホテル自身が統括する直営方式が採用された。それは、凝り性のライトの作品が単なる建築ではなく建築芸術というべきものだったからだ。設計者が基本設計図を描いて、施工会社がそれにもとづいて実施設計と施工をおこなっていくというやりかたでは、消化しきれないところの要素があまりに多い。施主側の責任者である林愛作はそのことを知りぬいていた。

直営による建設チームでは、施工全般を統括するコンストラクションマネージャーに前述のポール・ミュラーが就いたほか、ライトの設計助手としてアントニン・レーモンドが加わった。オーストリア領ボヘミア（現チェコ）のプラハ工科大学に学んだレーモンドは、アメリカ人女性と結婚して市民権を獲得し、ライトの事務所に入って経験を積んだ。師匠に随行して来日した彼は、帝国ホテルの設計でライトを助けて働いたが、しだいに関係が悪化し、ホテル建設途中の大正九年にライトのもとを離れて独立した。

そののち日本にとどまり、西洋建築の需要が増した国内で数々の実績を残した。代表作に聖路加国際病院（共同設計）、東京女子大学礼拝堂、イタリア大使館中禅寺湖別荘などがある。昭和三年に竣工した中禅寺湖別荘は、日光杉の樹皮と薄板で構成する市松模様が鮮烈な印象を与える彼の名作である。レーモンド日本事務所では前川國男《まえかわくにお》、吉村順三《よしむらじゅんぞう》、家具作家のジョージ・ナカシマら俊才が経験を積んだ。

遠藤新《えんどうあらた》もチームに参画した。帝国ホテルの事務所で設計を手伝ううちにライトから「わが息子」と呼ばれるほどの愛弟子となり、その師が竣工をまえにして突然アメリカに帰国したのち、あとを引き継いで帝国ホテルの工事を最後までまとめあげた男である。

遠藤は大学を卒業したばかりにもかかわらず、建築界の大御所である辰野金吾が設計した東京駅を批判する論文を発表するなど、血気盛んな若手だった。彼の目にはネオ・ルネサンス様式の壮大な駅舎が、単なるヨーロッパ憧憬主義の産物であり、主体性のない懐古趣味と映った。猿真似ではない新しい様式を模索しようとしていた若者には、それが我慢ならなかったようだ。

完成まえのライト館・車寄せ部分に集合したホテル関係者。左端で立っているのが遠藤新。その手前がフランク・ロイド・ライト、その右隣りが林愛作。最前列右端に座っているのが犬丸徹三

前項で記した「幻の帝国ホテル設計案」の下田菊太郎もそうだったが、どうも大御所の辰野金吾は後進の者たちのうけがよくない。一方、師匠ライトの建築はそういう懐古趣味とは完全に一線を画していた。ライトに心酔した遠藤は帝国ホテル竣工後、懸命にその作風をなぞり、まるでライトの分身であるかのように日本で建築作品を発表していった。

そんな遠藤がいたからこそ、ライトが突然いなくなっても、ライト館は問題なく竣工することができたのだった。

さらには、こののち支配人に抜擢され、戦後は名社長として一時代を築いていく犬丸徹三も、大正八年一月に副支配人待遇で招聘された。彼に任された役割は、厨房設計ならびに調理作業体系の構築だった。商業ビルや住宅設計では一世を風靡《ふうび》していたライトだが、ホテルの設計経験はなかった。それでも天才建築家だからパブリックエリア、客室、レストラン、宴会場などの空間演出は縦横にできる。しかし高度に作業効率が求められる大型厨房の設計については知識がまったくなく、未知の領域だった。

犬丸徹三（関東大震災直後に撮影）

そこで、南満洲鉄道経営の長春ヤマトホテルで働いたのち、上海、ロンドン、ニューヨークの一流ホテルで調理人として勤めた経験も持つ犬丸が招かれたわけである。彼は帝国ホテルに招聘されるまで、ニューヨークを代表するウォルドルフ＝アストリアに勤務していた。国内外のＶＩＰ客を迎える名門ホテルは当時の世界最大規模で、厨房も最先端の設計となっていた。

犬丸は明治二〇年、石川県の現在の能美市に生まれた。上京して東京高等商業学校（現一橋大学）に入り外交官を目指したが、学内での学生運動と趣味である禅に没頭するうちに成績がふるわなくなり、外交官はおろか一般の就職にも苦労した。そこで教授の紹介によって満洲にわたりヤマトホテルで働くことになった。しかし現場でのボーイ業務からの出発で、最初は客に頭を下げることが辛くて仕方なかったと自叙伝に記している。

新ホテル計画責任者である林愛作支配人とフランク・ロイド・ライトのもと、これらの俊英たちが、施工の主体となる大倉組土木部をはじめ、各分野の技師、建築資材会社、現場職人などをとりまとめて動かしていくことになった。それが「直営方式」の意味である。この直営方式については、犬丸はやがて否定的な見方をするようになる。自叙伝『ホテルと共に七十年』のなかでこう述懐している。

この工事を直営でおこなったことは、竣工の遅延と工費の膨張を来たした最大要因の一つであった。ライト氏の下に配属されていたのは、すでに述べた如く工事監督ミュラー、電気機械担当スミスの両技師であったが、当時のわが国の建築技術は、まことに遺憾ながら彼らの詳細にして綿密な指定を実際に充分生かし得る水準にまで、未だ達しておらず、このため、たまたま予算が超過するような事態が生じた場合も、これを厳重に監視し、注意し得る責任者がまったく存在せず、漫然として、ライト氏のなすがままに任せたのである。

施工に当たったのは、大倉組土木部で、同部は工事中、やがて大倉土木組となり、さらに日本土木株式会社（初代帝国ホテルを建設した有限責任日本土木会社とは別組織＝筆者注）と改められた。同社の現場担当は田鎖七郎氏であった。しかしこれはあくまで下請けに過ぎず、帝国ホテル自体の直轄工事として、実際にはライト氏が万般の指揮をとった。彼の帰国後は日本土木の正式請負いとなったが、この点、起工時から建設会社に一切を任せるという方法によらなかったことは、結果から見て、明らかな失敗であったと言い得る。

この自伝が発行されたのは、犬丸が帝国ホテル社長に就任して一九年を経た昭和三九年。高度経済成長下、このころには岩戸景気、オリンピック景気があって日本の建設業界は飛躍的な発展を遂げていた。しかし大正年間当時の建設会社の実力は未熟で、林愛作が計画立案当時に指摘したように、全面的に任せるという決断はできなかっただろう。

敷地整理の遅れから、別棟の動力室からとりかかるしかなかった建設工事は、やがて新本館の建築に本格的にとりかかっていく。暖房は、全館スチーム暖房方式がホテルとしては世界ではじめて導入され、厨房もまた世界最先端といえるオール電化が採用された。のちの関東大震災では建物に重度の損壊はなかったが、もし厨房で石炭やコークスを燃料とする従来のストーブを採用していたなら、昼どきだったこともあり火災はまぬかれなかったと考えられている。その点でライトの慧眼《けいがん》が生きる結果となったわけである。

建築概要はつぎのようなものだった。

【新本館】

客室数　二七〇室
延建坪　七〇三五坪
地下　一九六〇坪一合　天井高約七フィート
一階　一八七一坪三合
二階　一六八二坪五合
三階　一一七二坪五合
四階　三八二坪六合（大食堂など）
工費概算　一八二万二四七〇円

【動力室】

地下　一一四坪七合　貯水池、汚水洗浄装置
一階　一一一坪七合　機関室
二階　七七坪九号　西洋洗濯室
工費・設備費概算　六七万七五三〇円

ライト館部分の敷地面積は約三万四〇〇〇平方メートルで、日比谷通り沿いの正面間口が約一〇〇メートル、奥行き一五〇メートル余である。新本館は、南北の両翼に細長い三階建ての客室棟があって、二七〇室の客室はすべてこの両棟に収めた。そして、そのあいだに位置する巨大な中央棟に車寄せ、エントランス、ロビー、待合室、大食堂、三つの小食堂、喫茶室、大小一六の宴会場、音楽室、演芸場、スチーム浴場、余興室、ビリヤード室、図書室、理髪店などのパブリック施設すべてを集約する構成となった。

新本館と動力室の建設費合計は二五〇万円ちょうどである。

大正四年一二月、林愛作がウィスコンシン州スプリンググリーンのタリアセンを訪ねて、ライトとともに建設素案と工費概算をまとめた。翌五年四月の帰国後、すぐに重役会に報告した予算案は「三五〇万円以内でやりたい」だった。重役会もその額で賛成の決議をしている。それからすれば二五〇万円はむしろ低予算といえる。だが、大正五年一一月

二二日開催の臨時株主総会で正式な設計原案書と予算概算書を示したさいの額は、その半分近い一三〇万円だった。

重役会と臨時株主総会とのあいだにどのような調整作業があったのかは定かでないが、もちろん株主総会での提示額が正式のものである。それからすれば二五〇万円は倍増に近いもので、じつに大雑把な当初予算ということになる。もっとも、明治期後半から東京ではじまった商業建築の鉄筋コンクリート化は、大正になったこのころでもまだ工法の試行錯誤は当然のことで、予算の大幅超過などはあたりまえだっただろう。

大倉喜八郎会長をはじめ経営陣ははたして、ここまでの経緯をどのように見守っていたのだろうか。新本館建設について林支配人に全権委任することは既定の事実で、あれこれ口出ししない約束である。それに、内務省との交渉の遅れから着工がかなり遅れた引け目も会社としてある。だから当面は、息をひそめるように推移を見守るしかないのだが、やがて目のあたりにすることになる何度もの工期延長や、二五〇万円からさらに大きく膨らんでいく予算超過を知るにつけ、「これは、とんでもない人間を設計者に選んでしまったのではないか。ほんとうに予定期間内に建つのか、予算はどこまで膨らむのか……」という不安、不信がしだいに増幅していくのだった。

建設工事の最初の難関は、明治の初代本館建設と同様、むかしは日比谷入江だった軟弱地盤にどう対処するかという点だった。初代では軀体を木造として、レンガを補助的に使う大幅軽量化で乗りきった。建物外構を漆喰塗りとして、表面に石材に似せた塗装をするというフェイク手法も用いた。だが、こんどはライトがそういう妥協をするはずがない。そんな手を使うくらいなら、はじめから引き受けないだろう。

「これはヘドロのチーズだ」

ミュラーたちは、基礎構築のための掘削作業に立ち会って、掘りだされる土質を確認しながらそう嘆息した。押せばいくらでもへこんでいくという意味だろう。そこでライトが採用した基礎工法が「フローティングファウンデーション（浮き基礎）」というものだった。短い木杭（腐りにくい松）を濃い密度で地盤に打ちこみ、そのうえにRCの基礎をつくる。建築自体にも柔軟性を持たせるため、建物の二〇メートルごとにエクスパンションジョイントを設けることにした。これは、建築全体を一〇のブロックに分割してジョイントでつなぎ、地震の破壊力を分散させる仕組みである。

いってみれば、ソフトチーズのような軟弱地盤のうえに浮かぶ柔軟構造の建築である。よしんば建物の一部が地震で傾くことがあっても、ジョイント構造のために建物全体に影響がおよぶことはない。この斬新な基礎および建築構造アイデアは、奇しくも新ホテルの開業披露宴当日に突然襲った関東大震災の激震を耐えぬいたとして、のちにおおいに賞賛されることになる。ライト自身も後世に著した自伝のなかで、設計の最初からそうしたシステムを地震対策として盛りこんでおいたのだ、だから耐えることができたのだ、と力説している。

ただ、このあらかじめ地震対策を仕組んでいたとする説については、『旧帝国ホテルの実証的研究』の明石信道や『ライトと日本』の谷川正己など建築史家たちが疑問を投げかけている。あくまで軟弱地盤対策として採用されたものが、結果的に、そして偶然に巨大地震のパワーを逃すことにつながったのだという論理からである。関東大震災とホテルとの顚末についてはこのあとの章で詳しくみていくことにする。

大谷石は代替品だった

ライト館の建築について書かれた本で、「浮き基礎」とともにかならず登場するのが、鉄筋コンクリート造の本体を縦横に彩った外壁・内装材としての大谷石と装飾タイルである。

やわらかく加工がしやすい大谷石も、テラコッタや四分類の装飾タイル（スクラッチタイル、市松模様タイル、千鳥模様タイル、透かしタイル）も、いずれも凝った彫刻やデザ

テラコッタと大谷石による造形。こうしたアートがライト館をくまなく飾っていた

イン処理が施されて、建物外壁やロビー空間、宴会場、レストランなどのインテリアの主材となった。

複雑で精緻な細工は、太陽光線や照明を複雑に反射させて太古の神殿のような神秘的な印象を与えた。また柱状造形の内部に仕組まれた照明によって幻影的な舞台のような雰囲気を醸した。大谷石も素焼きのタイル類もどちらもやわらかいので劣化していき、とくに外構部分の用材などは風雨にさらされて摩耗していく。ライトは、その経年劣化の度合いまでも計算に入れて形状加工や組み合わせを考えたという。

そしてこの執着の深さこそが超大な施工費用と工期を要することとなり、やがて自らと林愛作の立場を危うくしていくことになる。納得のいくものだけを調達したいという底知れぬ執着はついに、大谷石の採掘山まるごとを直接ホテルで購入し、さらに愛知県の常滑《とこなめ》に自社直営のレンガ製造工場を置くというほどの無謀な投資に結びついていく。

もしその波瀾の過程に林愛作という理解者の存在がなかったら、ライトはおそらく工事初期の段階でクビをいいわたされることになったと思われるし、そもそもホテル経営陣が設計者候補としてのライトにたどりつくこともなかっただろう。

その用石は偶然のことより、私とライトが一致して大谷石ときめ、栃木県日光の方で、これも偶然に発見した小さな石山を冒険的に買ひとつて、遂にその山の石だけで、ホテル全建築に足りる丈の立派な大谷石をとることが出来ました。

——「林愛作談話日記」

そんな呑気な後年の回想談話からは想像もつかないくらいに、大倉喜八郎会長以下の経営陣が猜疑心《さいぎしん》を強めて圧力を増していくなか、林は必死にライトの無邪気な創作意欲を下支えし、かばった。

「かならずやこの努力が、世界でも稀な建築芸術をものするところとなり、ひいては無数の外国人旅行者を惹きつけることとなるはずです。どうか、どうかご理解のほど」

重役会で、林はそんなふうに口角泡を飛ばしたはずである。経過報告を耳にする経営陣も林自身も、きっと胃が引きつるような毎日を送ったことだろう。ライト館の最終的な総工費については帝国ホテルでもその額を確定しきれていない。約九〇〇万円という額が最有力となっている（六〇〇万円だったという説もある）。いずれにしても当初予算一三〇万円は着工時に二五〇万円となり、竣工時にはとんでもない額に膨らんでしまったわけだ。

予算枠と工期を順守しないという建築家としての決定的なウィークポイントは、しかし極東の島国で挑んだホテル設計ではじめて露呈されたわけではなかった。その悪弊はすでに、初期のプレイリー様式住宅で注目されはじめた三〇歳代なかばの時点で認められていた。何人ものクライアントから叱責を受け、訴訟騒ぎにまで発展したケースもあった。そんな事例を、ライトに取材者として接してきた元『New Yorker』記者で作家のブレンダン・ギルは、著書『ライト 仮面の生涯』で克明に記している。

さて、まずは大谷石である。

ライト館建築の代名詞のように語り継がれることになる大谷石だが、日本でのライト研究の第一人者である谷川正己によると、ライトは最初べつの石に狙いを定めていたという。大蔵省・建築課（当時）の石材標本室を訪ねたライトは、そこで島根県産の蜂の巣石に魅了される。赤褐色のこの石は、大谷石と同様に多孔質でやわらかく加工しやすいのが特徴だが、話を聞けば産出量がきわめて少なく、ホテル建設での必要量はとうてい賄いきれないと判断するしかなかった。大谷石はその代替だったというわけである。

スクラッチタイルなど装飾タイルは、ライトのたっての希望で黄みがかった色に焼かれることになったが、その対比から、赤みを帯びた蜂の巣石との組み合わせがライトにとってはベストと思えたのだろう。もし蜂の巣石が産出量の多い石材で、じっさいにライト館に採用されていたなら、黄色のタイルとのコンビネーションで構成される外観はどんなインパクトをもたらしたのだろうか。一方、大谷石は切りだした当初は薄緑で、乾燥すると白系の明るい色調となり、経年で軽い茶色を帯びてくる。そのちがいはライトにとって大きいものだったにちがいないが、どうしても量が確保できないとあれば、これはもうあきらめるしかない。結局は大谷石とすることでライトは納得した。

多孔質の大谷石は断熱効果が高く、火災に強い。そのため関東では昔から蔵建築などによく用いられてきた。ほかの石材にくらべて軽いので建築荷重が少なくてすむメリットも大きい。「浮き基礎」などの対策を講じたにせよ、とにかく日比谷の軟弱地質からして荷重をなるべく小さくすることは前提条件で、その点からも内外装材としての大谷石の使用は合理的といえた。

多孔質であることが生む吸音、調湿、防臭などの効果も内装材としてはまことに好都合である。また、ミソと呼ばれる粘土鉱物の茶色の斑点が断面に散らばり、それが長い年月を経てしだいに抜け落ちていって独特の風合いを醸す。そんな特性も建築上のアクセントとして世間の耳目を集めるところとなり、伝統建築だけでなく現代建築においても、大谷石の採用が日本のあちらこちらで試みられていくことになる。

回想談話にあるとおり帝国ホテルは、というか林は、この大谷石の調達で大きな賭けにでる。「冒険的に」大谷の石山をまるごと買いとって、ライトが必要とするだけの石材を切りだしていくという投資である。これには、ホテルの重役である戸田次郎《とだじろう》が一役買うことになった。戸田は、伊藤博文の屋敷で書生としてともに仕えて旧知の間柄だった亀田易平を頼ることにした。亀田は宇都宮市で建築請負業をやっているので、大谷石の調達ルートに詳しいはずだった。

亀田は、大量に必要ならば採掘のための山を手に入れたほうがはやい、といって帝国ホテルに石山を購入させ、自分はその採掘作業を専任でおこなうための東谷石材商店を設立した。東京の「東」と大谷の「谷」を合わせた店名だった。ただし石材の専門家でも石切職人でもない亀田が目星をつけた石山から採取できる大谷石は、けっして高品質というわけではなかったらしい。

だが、工期がすでに大幅に遅れていることもあり、とにかく短期間に大量の石を切りださなければならず、品質うんぬんをいっている状況ではなかった。ライト自身も、大谷石の軽量性や加工性の高さにこそ着目したのであって、石の品質自体にそれほどこだわったわけではなかった。むしろ指定した規格に合っているかどうか、色みがどうかといった点にうるさく注文をだし、納得できないものはどんどん送りかえして再送させた。

石材の品質が日本を代表する迎賓ホテルにふさわしいものだったか、さらにこの投資が適切なものだったかはさておき、とにかく、この石山まるごとの購入と専任の採取会社設立によって、結果的にライトが計算して希望するだけの量の石材調達はできたわけである。寸法指定によって成形された石材は、大谷から人力のトロッコで宇都宮石材軌道（のちに東武鉄道が買収）の荒針駅まで運ばれ、そこから鉄道などで工事現場まで搬入されていった。そしてまだ内務大臣官舎の一部が残る敷地に、どんどん積まれていった。

運びこまれた石材はあくまで「素材」である。これをライトが指定したとおりに加工して、表情豊かな彫刻を施してはじめて、天才建築家のめがねに適う部材となる。それには多くの石工職人が集められた。彼らは石像や燈籠の製作などで石刻には習熟しているので、ライトが驚くほどの器用さを発揮した。とはいえ、ライトが求める彫刻のあり方は、そうした職人が身につけてきた伝統技法とはまったくちがう次元のものである。石材調達の段階と同様、ここでも「やりなおし」が頻発することになり、それだけ追加予算と工期が増していくことになる。とにかくライトには妥協するという考えがなかった。

こうした石刻についてライトがどんな考えを抱いていたか、それを代弁する貴重な記事がある。『新建築』昭和四二年一二月号に掲載された、建築家・田上義也《たのうえよしや》の執筆による記事「生きつづける帝国ホテル」である。

現場は石の山脈だった。どこへ行っても大谷石だ。まるでマヤの遺跡を発掘しているようだとライトさんは喜んだ。その石の中から一握りの石の彫刻を取り上げて、この彫刻はいずれ風雨にすりへるだろうが、その時は自然の律にしたがってさらに美しくなるだろう。俺は自然とイタズラをしているのだともいった。その石はマントルピースや階段やコーピング、コーニスからあらゆる空間に千変万化した。

田上は逓信省の営繕係に勤めていたが、帝国ホテル内に置くフランク・ロイド・ライト事務所がだした助手募集の広告を目にすると、迷うことなく応募して採用された。遠藤新らとともにスタッフの一人としてライトを助け、関東大震災のあとに北海道に移って数々の洋館建築を手がけた。

ライトは後年まとめた自伝で、帝国ホテルの複雑な建築デザインのモチーフを古代のマヤ遺跡に求めたという意味のことを記しているが、工事の初期段階からその神殿建築のイメージが頭にあったということが、この一文からもわかる。

ライト館のデザインモチーフについては、古代マヤ神殿であるとか、前述したシカゴ万国博覧会の日本館・鳳凰殿が発端であるとか、初の日本旅行のさいに訪れた日光の東照宮であるとか、いろんなことをライトも書き残し、研究家もさまざまな視点から語っているのだが、ライトもはっきりと認識、定義していたわけではなかった。だから、それを解明することにはあまり意味がないといえる。

ライト自身も「新帝国ホテルと建築家の使命」(遠藤新訳・原文は旧仮名遣い) と題する著述のなかで、こう記している。

新帝国ホテルは単に日本の建築という意味で設計してはいない。これは芸術家が日本に対する、しかもその特質に於て現代的であり、かつ世界的なる寄与であるという意味で設計されている。

建物について観れば、細部には、何かしら日本らしいもの、支那らしいもの、あるいは、何処ぞ古代の建築らしい所がある。しかし、その形式も、模様も、工夫も一つだって、何処から借りて来たという様なものは見当らない。

少々わかりにくいが、要するに、浮世絵蒐集のために来日を重ねていたころから目にしていた日本の伝統建築や、中南米の太古の文化や、プレイリースタイル建築で試みたさまざまな技法や、そうした多様なイメージが混然一体となってうねり、創造のエネルギーが出口を求めてあらゆるデザイン形状を生みだし、それがじつに不思議な集合体となって、あの建築史にも国際観光史にも稀有な建築となってついに昇華したということである。それは結局、なにを真似たわけでも、なにに強く影響を受けたわけでもなく、彼自身のオリジナルの建築芸術作品だった。

ライトは、帝国ホテル新本館を「日本への贈りもの」と表現した。その言葉が示すように、彼自身の解釈による日本らしさ、ほかのどの国でもない、日本に存在するホテルとしての意義を、この建築で極限まで追求したことだけはたしかである。

直営工場で焼かれた装飾タイル

「ふつうのレンガの赤ではなく、黄色系の明るい色調に――」

林愛作や建築チームの面々をまえに、ライトはタイルの焼成見本を示しながらそう力説するのだった。その見本は、日本の土ではなくカリフォルニアで産出する土で焼かれたものだった。成分がちがえば当然、焼きあがりの色みは異なるものになる。「黄色みの再現」は、そのタイルとともに内外装材の主役をなす大谷石とのコンビネーションから、ライトとしてはどうしても譲ることのできない条件だった。

ライトが欲したタイルは、現在の陶工用語でいえば「無釉《むゆう》淡黄色タイル」ということになる。釉《うわぐすり》をかければどんな色にも加工できるが、無釉だから焼成色そのものが黄色みがかっていなければならない。現代の化学をもってすれば適した陶土さえあれば焼成はむずかしくないのだろうが、当時の技術では簡単なことではなく、また陶土の成分や焼成温度の化学的研究もいまのように体系立ったものではなかった。

たしかにいま、愛知県犬山市の博物館明治村に保存されたライト館のエントランス部分を眺めるとき、経年劣化でくすんだり変色してはいるが、大谷石と明るい色調のタイル（ただしその多くは移築時に復元加工されたもの）との対比は美しく、なるほどと思わせるものがある。竣工当時はさらに明快で軽快な対比をみせて、日本でもなければアメリカでもヨーロッパでもない、独特の世界観を訴求していたのだろうと想像できる。

さて、それなら、どこの土であればライト自身が納得する焼成の色みになるのか。ライトや林愛作は専門家に意見を求め、調査を重ねる。そうするうちに、帝国ホテルの重役に名を連ねた村井吉兵衛《むらいきちべえ》が会議の席上でふと、こんなことを口にする。

「そういえば、わたしの京都の家のタイルがそんな色をしているな」

林は思わず身を乗りだしただろう。

帝国ホテル重役で「たばこ王」と呼ばれた村井吉兵衛の京都別邸を活用した「長楽館」

京都の家とは、円山公園の南に設けた村井の別邸である。村井は両切りたばこを日本ではじめて販売し、それが爆発的に売れて「たばこ王」と呼ばれるほど巨財を築いた人物である。この建物は現在も残り、長楽館（全六室）として運営されるスモールラグジュアリーホテルとなっているのだが、たしかに建物の内外装を黄色系のタイルが覆っている。

この別邸の設計と監理を手がけたのは、奇しくもおなじアメリカ人建築家であるジェームズ・ガーディナーだった。おもな建築作品にロシア大使館舞踏室（大正二年）、立教大学校舎（同六年）、オランダ公使館本館（昭和三年）などがある。ライトもガーディナーも、おなじ黄色みがかったタイルに望郷の念をこめたというところだろうか。

そしてやがてそのタイルを焼いた人物が、常滑の陶工である久田吉之助《ひさだきちのすけ》だということが判明する。久田は優秀な陶工だった。明治四〇年竣工の名和記念昆虫館（岐阜県岐阜市）

建設にあたっては、やはり無釉淡黄色タイルを焼成したが、この建物は現存する総タイル貼り洋風建築としては日本最古とされる。器用な久田はファサードのアゲハチョウやトンボの装飾テラコッタも作成した。

知多地方の常滑は日本六古窯の一つである。常滑焼の土は酸化鉄を多く含む朱泥土が一般的で、焼成色は赤褐色となる。そのために朱色の急須がむかしから特産品となっている。だが、常滑市から二〇キロばかり南に位置する知多半島西岸の内海町《うつみ》（現南知多町）一帯で産出する土はそれとはまったく異なるもので、黄色みがかった焼成色を再現するのに適していた。ライトたちはそのことを久田から教えられる。内海の土。それが難題解決のキーワードとなったのだった。

問題は、客室二七〇室に大小宴会室やレストランを抱える大型ホテルが必要とする量を、どうやって確保していくかということだった。もはや工期がかなり延長されることは確実で、すでに経営陣の顔つきは険悪になっている。

そこで、常滑に直営工場を設けてホテル専用にタイルを焼成していくという計画が提案される。大谷石の採石で専任の東谷石材商店を立ちあげたのとおなじで、短期間に必要量を調達するための〝奥の手〟だった。大谷も常滑も、たとえば後世の経営会議にかけられるならば一笑に付され、即座に否決されるはずのものだろう。大正なかばの、まだ効率追求がそれほどなされない時代性と、ライトの頑迷な熱情、それを必死に支える林の努力があったればこその、尋常ならざる投資行為だった。

林支配人はさっそく重役の村井を介して久田に連絡をとる。久田がそれに応じて上京し、帝国ホテルを訪ねたのは大正六年早春。両者は、久田の専任によってタイル焼成をおこなうことで合意した。

内海の陶土が適していることは判明したが、土だけできれいな淡黄色をだせるわけではない。焼成の技術がともなわないと望みの色は再現できない。林と面談した久田は、そう説明して、任せてくださいと自信満々にいった。そして来月には望みの色に焼きあげたタイル見本を送ると約束して常滑に帰っていった。

だが、いくら待ってもそのタイル見本は送られてこなかった。しびれを切らした林が催促すると、久田は平気でこう返すのだった。

「これまでの支払いが滞っているので業者から石炭を納めてもらえない。だからタイルを焼けなかった」

あきれた林だったが、すぐに大倉土木組に伝えて大量の石炭を送らせた。だがこのホテル側の好意も久田は踏みにじってしまう。なんとその石炭を売り払い、借金返済にあててしまったのだ。腕のよい陶工の久田だが、破天荒で礼儀に欠くところの多い男だった。我慢も限界に達した林は、もう久田に任せておけないと代わりの者を探した。東京高等工業学校（のちの東京工業大学）の窯業科に相談したところ、常滑陶器学校長を務めたことのある寺内信一《てらうちしんいち》を紹介された。山口県出身の寺内は、工部美術学校でイタリア人彫刻家に学び、常滑、瀬戸、有田などで陶芸家の育成に努めた人物である。

林はさらに、常滑に設ける直営の「帝国ホテル煉瓦製作所」の管理者として、ホテルで洗濯部主任を務める牧口銀司郎《まきぐちぎんしろう》を抜擢して現地に送りこんだ。牧口は、この突然で突飛な辞令にどんな思いを抱いたのだろうか。洗濯の技術者がある日突然、タイル工場のめんどうをみろと命令される。しかも東京からはるか遠い常滑への赴任である。それは青天の霹靂《へきれき》といったものだろう。

この突飛ともいえる異動は、しかし林にしてみれば妥当で理由のあるものだった。洗濯部は、林の肝いりで帝国ホテルにはじめて設けられた直営工場である。長い船旅でたまった洗濯物をできるだけ丁寧に、はやく処理してゲストに届けるための施設である。その評判は当初から高く、帝国ホテルのランドリーサービスはやがて世界的な名声を博していくことになる。牧口はその現場主任として部下をとりまとめ、品質管理に精力を注いでいた。いってみれば林の懐刀なのである。業種はまったく異なるが、彼ならばきっと現場運営のたしかな仕組みをつくってくれるにちがいない、そういう期待を林は牧口に対して抱いていたのだった。

大正六年九月、牧口は常滑に着任した。このときの肩書は会計主任だったが、まだ正式に設立されていない工場に職員はだれもいないので、とりあえず技術指導役についた寺内信一といっしょにタイル焼成の試験を繰りかえす。すると、たびたび久田がやってきて横やりを入れ、いやがらせをしてきたという。自分に非があったとはいえ突然、契約破棄されたことに久田は怨みを抱いていた。牧口銀司郎はのちに業界誌『月刊日本クリーニング界』に「帝国ホテルのスダレ煉瓦」というタイトルで常滑での四年以上の赴任生活について連載をするのだが、このなかで久田のことを「詐欺師」と表現し、いかに苦労させられたかをこと細かに書き綴っている。

本格稼働にむけて、直営工場にさっそく陶土粉砕機、土練機など大量生産のための大型機器が運びこまれ、職工が募集された。さらに技術顧問として二人の男が招聘されることになった。伊奈初之丞《いなはつのじょう》とその息子の長三郎《ちょうざぶろう》である。伊奈親子は、西洋建築が日本に急増してきたなかで外壁材や土管、洋式陶製品を一手に製造販売すべく、アメリカから機器一式を輸入して常滑で伊奈製陶所を営んでいた。彼らのノウハウは、焼成技術もさることながら、いかに大量の製品を安定供給するかという生産管理面において多大な貢献をすることになる。

帝国ホテル煉瓦製作所は大正九年（一九二〇）初頭に正式に設立され、同一二年の終わりごろまで稼働した。そこで焼かれたタイルの総数は四〇〇万枚（スクラッチタイル二五〇万枚、模様タイル・透かしタイル合わせて一五〇万枚）という膨大なものだった。装飾タイルの多くは抽象的、幾何学的で複雑な文様や、透かしの具合をライトがスケッチで細かくデザインを指定し、じつに繊細な細工を要するものだった。通常の量産品をつくるのとは、まったく次元の異なる作業工程である。それでも日本の職人は手先がとても器用で、最初こそライトのやりなおし依頼が相次いだが、やがて彼も感心するほどの技量をみせていくことになる。

それはホテル敷地内でおこなわれた大谷石の彫刻作業でも同様だった。ライト館は、建築としての複雑な構成要素と調和によって傑作の誉れを手にしたわけだが、ディテールにおける芸術性もほかに類をみない。不条理な要求を突きつけられながらもその実現のために黙々と働く職人気質と繊細な技術、欧米への憧憬とコンプレックスがまだ強烈にあった日本の実業社会の風土。そうしたバックグラウンドがあればこそライト館は生まれたのであって、ある意味では、この日本でしか完成しえないものだったかもしれない。

ライトの新ホテルが完成すると、帝国ホテル煉瓦製作所はその役目を終えた。そしてそこに勤務した職工たちと諸設備は、帝国ホテルから伊奈初之丞に有償譲渡された。匿名組合伊奈製陶所の看板を掲げた工場は、その三年後に伊奈製陶株式会社として法人化され、建築用・家庭用陶器製品の市場拡大に寄与していく。のちにその会社はイナックスからINAXとなり、サッシメーカーのトステムと経営統合したのち、現在ではLIXILの一ブランドとなっている。

第四章

苦難の末のライト館開業

初代本館の全焼がもたらしたもの

偏執的ともいえるデザインへのこだわりが招いた、大谷石や装飾タイルなど建築材の調達遅延、瞬時のひらめきから指示される設計変更——。つぎつぎと起こる予測不可能なライト流ハプニングは、たび重なる工期延長と予算膨張につながっていく。

経営陣としては、内務大臣官舎の撤去が遅れてしまったという引け目と、三顧の礼をもって迎えた林愛作に新本館建設を全権委任した手前もあって、露骨な介入はできない。林も、スプリンググリーンのタリアセンを訪ねて設計依頼をしたときから、すべてライトが思い描くとおりにやらせてみたいという思いを持ちつづけていて、ほかの重役たちの態度が険悪になっていくのをひしひしと感じながらも、いまさら引くことはできない。微妙な綱引きがつづくなかで、ライトだけは相変わらず自分の理想にむかって突き進んでいく。

「いったいライト氏は建築家なのか、それとも芸術家なのか」

周囲の人間のあいだでは、そんな疑問が渦巻いていく。建築家としての仕事であれば施主の意向や期限順守が最優先されてしかるべきだろうが、どうも、そう考えているようにはみえない。

「あのアメリカ人はいったい、その点をどう考えているのか――」

無邪気に、ひたすら自分の理想とする意匠に没入するライトだが、一方で彼の庇護者《ひごしゃ》たる林はしだいに土俵際に追い詰められていく。

そうするうちに不吉なアクシデントが起こる。大正八年の暮れも押し詰まった一二月二七日、初代本館のキャパシティ不足を補うために明治三九年に建てた木造の別館（二三室）が全焼してしまったのだ。

本来なら、このころにはライト設計の新本館が完成していたはずだった。完成していれば、老朽化した別館などはむしろなくてもいいくらいだった。だが、既述のような要因が重なって新本館建設はようやく着工したばかりで、いまだ竣工のめどさえ立たない。別館よりもさらに老朽化が進んだ二三年開業の初代本館はいまだ現役だが、これも客室は六十数室しかない。築地支店の旧メトロポール・ホテルも業績回復が期待できないことから大正元年に売却してしまっている。底堅い需要があると見込んで新本館計画を立てたのに、これでは売上機会の損失もはなはだしい。

世界経済は第一次世界大戦の影響から低迷期に入りつつあり、好況だった日本も株式市況が暴落して戦後恐慌に見舞われていた。ところが日英同盟を結んだイギリスをはじめ、諸外国の企業が日本市場開拓のために来日するなど、訪日旅客数は伸びる一方だった。国内市場や主要国間貿易の低落をカバーしようと、米欧諸国が極東の新興国市場にその矛先をむけたからである。

恐慌のさなかの大正九年二月には、東京で途方もないホテル計画も持ちあがった。鉄道院、東洋汽船、日本郵船などが出資して、東京駅前に一〇〇〇室の巨大ホテル、ジャパン・ホテルを建設する構想が発表されたのだ。この計画は、一〇〇〇万円という巨額の資本金を調達するめどが立たずに結局、実現することはなかったのだが、この時代にそんな巨大ホテル開発計画が打ちだされるほど外国人旅行者は増えていたわけである。

別館焼失にあわてた経営陣は急遽、多忙なライトに別館の再建を依頼する。これは九年初頭から突貫工事で建設が進められ、同年六月には八五室の新別館が竣工した。新別館建設で財務状況を逼迫《ひっぱく》させた経営陣は、銀行に緊急融資を依頼する。第一銀行と三十四銀行から計一五〇万円を借りてなんとか急場をしのいだ。

木造二階建ての急ごしらえの建築だったが、ライトはこの設計で防火対策を入念に施す。二度と焼失させないという経営陣の願いに応えたものだった。その理念はのちに、新本館のオール電化厨房の導入という最先端の設備投資に結びつき、開業披露宴準備の最中に襲った関東大震災でも火災に見舞われることなく、すぐに営業をはじめることができた。


そして大正一一年四月一六日、さらに大きなアクシデントが襲う。

別館につづいて初代本館も失火によって全焼してしまったのだ。原因は、地下室でのたばこの不始末だった。

このころ表玄関右の地下室の一室で、新本館で使用するベッドマットの繊維詰め作業が家具製造業者の手で連日おこなわれていた。そのためのカポック繊維が室内には山と積まれていた。もちろん火気厳禁だが、不心得な職人がたばこを吸って、吸い殻の始末を怠ってしまったのだった。繊維の山に燃え移った火はあっというまに部屋中に広がり、焔は一階から二階、さらに屋根裏部屋へとどんどんのぼっていって、建物全体に火がまわった。

そのときの消化活動のようすを撮った写真が『帝国ホテル百年の歩み』に掲載されている。もうもうとした煙が屋根部分から噴きだして空を覆い、省線線路（現在の山手線）の脇から消防士たちが建物にむかって放水している画である。出火は午後三時半ごろ、鎮火は同五時ごろだった、と東京朝日新聞は伝えている。わずか一時間半で、帝都の顔として君臨してきたホテルは全焼してしまったということである。

出火のころ、副支配人の犬丸徹三は赤坂離宮を訪ねていた。日曜日だったこの日、宮中では来日中のイギリス王室・ウェールズ皇太子を招待しての観桜会（四月中旬だから桜はもう遅いが）が催されることになっていて、皇太子滞在先の赤坂離宮から急遽、帝国ホテルに呼びだしがあった。責任者の犬丸が到着すると、皇室の接遇責任者から「皇太子随行員への自動車の手配に問題があったので、すぐに改めるように」と苦言をいわれ、さらに「至急、外出する用事があるので、あなたが乗ってきた車を借りたい」と告げられた。

犬丸はそれに応じて車を貸し、徒歩で離宮をでて電車に乗るために四谷見附までやってきた。そのときふと日比谷方面に目をむけると、黒煙が激しく空に立ちのぼっていた。午後四時すぎだった。通行人たちが「帝国ホテルが火事だ」と言葉を交わしているのを耳にした犬丸は、動転しながら日比谷にむかう。犬丸は『ホテルと共に七十年』にそのときのことをこう綴っている。

「私は蒼惶《そうこう》として市電に飛び乗り、日比谷で下車して、ホテルへ走ったが、時すでに遅く、本館は猛火に包まれて、焼け落ち、火勢は漸く衰えを見せ始めていた」

そのときの心象が、回想にあたっても興奮を呼び覚ますようなものだったことを、読点の多さが示している。この火災で、ホテルに長期滞在していた一人のギリシャ人貿易商が焼死したが、日曜日の昼間で外出者が多かったため宿泊客にほかに死傷者はいなかった。一三人の重軽傷者はいずれも消火にあたった消防士など日本人だった。建設途上の新本館への延焼がなかったことは奇跡といえた。

新聞記事は「林愛作支配人は火災現場に立って男泣きに泣いた」と伝えた。初代本館全焼で会社に大きな損失をもたらしたことは慙愧《ざんき》に堪えない。さらに自身が陣頭指揮する新本館の工期が大幅に遅れ、その損失をカバーする道筋がいまだ立っていない。

ここにいたって、彼は腹をくくる。

地下室に積まれていた大量のベッドマット素材という蓋然性はあったにせよ、日本と首都を代表する迎賓ホテルが、出火からたったの一時間半であっけなく全焼してしまったという事実は、各界に大きな衝撃を与えた。

延焼のはやさは、超軟弱地盤に対して建築荷重を低減するための「実質木造」という初代本館の構造がもたらしたものといえる。レンガを構造材として使用したのは基礎から立ちあがる部分だけで、骨格や壁材もほとんどが木造だった。各階の床もまた木造であり、地下から噴きあがってくる焔を遮断できるような造作にはなっていなかった。石板張りにみえる建物外壁も、木造の下地に漆喰を塗ってそれに石に似せた塗装をしただけのものだった。地盤対策として採用した軽量化＝木造化は、あらためて火災に弱いことを内外に印象づけることになった。

ひるがえって、おなじ軟弱地盤のうえに建築中の新本館は、軀体が鉄筋コンクリート造で壁面材や装飾に大量の大谷石、タイルを使用する。その荷重は、全焼した初代本館と比較にならない大きさだが、ライトは巨艦が海に浮かぶがごとき「浮き基礎」と、建物を一〇〇のパーツに区切ってエクスパンションジョイントでつなぐ柔構造を採用している。そのことが関東大震災の激震にも耐えることにつながった。

初代本館の全焼によって、帝国ホテルは一時的に全面休業となったが、二年前に再建された新別館が無事だったのと、新本館の北翼棟客室の一部がすでに仮営業していたので、全面休業が延々とつづくことはなかった。しかしその収容能力も合わせて一〇〇室程度でしかなかったので、遅れに遅れていた新本館完成がなんとしても急務となった。

にもかかわらず、ライトは相変わらず設計理念へのこだわりを捨てることがない。経営幹部からさんざん嫌味をいわれようが、職工たちから「やってられるか！」と愛想をつかされようが、馬耳東風である。だが林支配人はそうはいかない。現場運営の責任者としてここはどうしても、けじめをつけなければならない。

初代本館焼失から二〇日後の五月六日、臨時株主会が招集された。そこで発表されたのは、大倉喜八郎会長、林愛作支配人以下の取締役五人全員の辞任だった。そして父親に代わって息子の大倉喜七郎が会長に就任し、林の後任には山口正造《やまぐちしょうぞう》がついた。日光金谷ホテル創業者・金谷善一郎《かなやぜんいちろう》の次男である山口は、このとき富士屋ホテル専務取締役を務め、系列の箱根ホテルの開業準備も進めていたので、まさに八面六臂の身となる。だからこれは危機的状況を回避するための緊急登板であり、翌年四月には副支配人の犬丸徹三が支配人の座につくことになった。

ライトの突然の帰国

林愛作が支配人を辞任した一カ月後の六月、中央棟のエントランス、ロビー、食堂部分、それに北翼客室棟がようやく完成する。敷地内ではまだ工事の音が響いているものの、これによってホテルとしての営業が開始できる最低限の態勢が整った。残るは南翼客室棟と、中央棟の宴会場、演芸場、そして北側に設けるグリル食堂と売店などである。工事と並行しての試運転的な営業開始だったが、外国人の旺盛な宿泊需要はそれを待ち望んでいた。

すると七月になってライトは、現場を放棄して突然アメリカに帰国する。『帝国ホテル百年の歩み』はその理由をこう推測している。

「ライトの帰国の理由は判然としていない。工事遅延の責任をとって退いたともいえるし、工期面・予算面で自由がきかなくなり嫌気がさしたともいえるし、最大の理解者だった林愛作の辞任がこたえたともいえる」

同書は社史なので、会社にとってネガティブなことは書きづらい。だから、ライトの離日の理由が解任（事実上のということも含めて）であったとしても、それには触れないだろう。また、ライトが帰国後に後期黄金時代にむかって精力的に活動し、世界的な名声を博していったことからすれば、解任とせず、あえてあいまいにしておくことは双方にとって妥当だったのかもしれない。

会社が正式に解任を告げたか、ライトが身を引くしかない状況をつくりだした「事実上の解任」だったのか、それともやはりライトが自ら身を引いたのか、それはわからない。ただ、昭和一一年（一九三六）になって林愛作に宛てた手紙（七月六日付）で、経営トップの大倉喜七郎について連綿と悪口を書き綴っているところからすると、やはり潔く身を引いたわけではなかったのだと思えてしまう。

大倉を非難するくだりは、このころ計画中だった新館建設に異議を唱えてのものである。昭和七年八月二二日の重役会ではじめて討議され、同一五年開催予定の東京オリンピック（一三年七月に日本が開催権を返上）にむけて立案されたこの計画は、ライト館の北・南翼棟の正面の一部を撤去して、日比谷通りに面して地上八階・地下一階建て、二六〇室の新棟を設けようというものだった。つまり新館が建ったあかつきには、正面側からはライト館の威容はそのうしろにすっかり隠れてしまうということで、それを伝え聞いたライトが怒り心頭に発するのも無理からぬことといえる。しかしこの計画は結局、日中戦争突入などによるオリンピック開催権返上で白紙撤回が決まり「幻の新館計画」となる。

その新館計画を主導する大倉会長はじめ経営陣にライトは憤慨したわけだが、文面からは、大倉喜七郎に対する積年の恨みといったようなものを感じてしまう。それほど口汚く非難している。

大倉さん……彼にはあきれてものも言えない。自国の伝統の価値にまったく鈍感なにわか成金そのものです。根本的に軽薄で見えっ張りなご都合主義者とはまさに彼のような人のことを言うのです。（中略）金儲けばかりに夢中な摸倣家たちは、ますます、日ごと目に見えて猿もどき化しています。少なくとも私は心配でなりません。いつか、大倉さんのような人は抜きにして、皆さんとひざを交え、話し合う折があるでしょう。それは、文化の後退を食い止める力になれるはずです。

――『フランク・ロイド・ライト 建築家への手紙』より

独善的で一方的といってさしつかえない内容なのだが、林を除く帝国ホテル経営陣に対して抱いてきた思いを裏づけるものといえる。そしてライトは、林愛作に宛てたこの書簡だけでなく、アメリカの知人たちにむけた手紙でもおなじように日本の実業家たちを非難しているのである。

この昭和のはじめごろは大手町、丸の内、有楽町、日比谷の一帯で五階から九階建てのビルディングがさかんに建築されていた。それはライトのいう「自国の伝統の価値」などとは正反対の、アメリカ主要都市中心部でおこなわれているような開発行為のまさしく模倣だった。だから帝国ホテルや大倉喜七郎がどうこうという話ではなく、欧米に肩をならべたくて仕方なかった日本の、ある意味で象徴的な都市景観だともいえる。

ただ『帝国ホテル百年の歩み』に掲載されているその幻の新館の正面意匠図をみてみれば、周辺でつぎつぎと建てられていたモダンなビルディングとはやや趣を異にしている。八階建ての高層建築ではあるが、和風の屋根を戴くいわゆる帝冠様式で、切妻屋根の随所に越屋根や入母屋ふうの意匠もみられる。その和洋折衷の外観意匠は、終戦時のＧＨＱによる財閥解体から雌伏していた大倉喜七郎がいよいよ大成観光を設立し、昭和三七年に大倉邸宅跡に建てたホテルオークラにどこか似たところがある。幻の新館の外観デザインにも、おそらく大倉喜七郎の意向が強く働いたのだろう。

話がだいぶそれてしまったが、とにかくライトは竣工をまえにしていきなり帰国してしまい、それからは終生、日本の土を踏むことはなかった。

だが、設計はあらかた終わっていて、ライトの設計理念と意匠特性をよく知る遠藤新などがアシスタントとしていたこともあり、工事を進めるうえで大きな問題となることはなかった。アシスタントたちは、ライトが憑かれたように描く大量のスケッチを、かたっぱしから設計図に落としこんでいくという作業を日夜おこなっていた。だから頭のなかがすっかりライトになりきっていた。ライトもそれを理解していたから、うしろ髪を引かれることなく彼らに後事を託すことができた、という解釈もできる。

とくに、ライトから「わが息子」と呼ばれた愛弟子の遠藤新は、工事を完了させるうえで欠くべからざる存在だった。

日本の建築家や学者からは「ライトの模倣がすぎて独創性に欠ける」と批判されることもあった遠藤だが、それだけライトに心酔し、だからこそライトの考えを忠実に再現することが可能だった。ふいに帰国してしまったライトが、日本にいるあいだに基本設計までものしながら自ら手がけることがなかった兵庫県芦屋市の山邑《やまむら》家住宅（現ヨドコウ迎賓館）や東京の自由学園の設計・監理を引き継いで、みごとに完成させたことからもそれはうかがえる。また、帝国ホテルを去った林愛作の依頼によって遠藤自身が全面的に設計した甲子園ホテル（現武庫川女子大学甲子園会館）も、まるで師匠のライトが設計したかのような印象を与える。

明治二二年、福島県に生まれた遠藤は、東京帝国大学建築学科を卒業すると、明治神宮創建のために設立された明治神宮造営局（内務大臣所管）に入った。神宮宝物殿の競技設計に応募して三等となったが、審査委員長で建築界大御所の伊東忠太《いとうちゅうた》に対し、同委員の辰野金吾が「どうして遠藤を一等にしなかったのか」と疑問を呈したことを遠藤は聞きおよび、日記にそのことを書いて舞いあがっている。

前述したように大学を卒業したばかりの遠藤は、辰野金吾が設計した東京駅舎の批判論文を発表している。ところが、その辰野が自分を推してくれたことに嬉々として反応しているのである。師匠のライトと同様、遠藤もどうやら芸術家肌にありがちな、よくいえば純粋、悪くいえば子どもっぽいところを有していたようだ。新しい時代の建築を模索する若者にとって、明治神宮造営のための公務員生活はやはり退屈だったらしい。大学を卒業した遠藤はもともと、アメリカにわたってライトの設計事務所に勤める夢を抱いていた。造営局に勤めることにしたのは親への配慮からだったのだろう。

ところが、わざわざアメリカにいかなくても、帝国ホテル設計のためにライトのほうから日本にやってきた。猪突猛進の遠藤は、林愛作の紹介によってライトと面会する。大正六年一月のことである。そして帝国ホテル設計チームの一員に迎え入れられる。ただ、地盤対策や内務大臣官舎の撤去遅れから着工のめどが立たなかったので、遠藤は同年四月末からウィスコンシン州のタリアセンに赴き、そこで現地勤めのアシスタントたちとともに設計の仕事に従事した。ついに念願だったライト事務所での勤務が成就したわけである。それからアメリカの建築界の最新事情を見学してまわり、翌年暮れに帰国、ふたたび帝国ホテルの仕事に没頭した。

落成披露当日に襲った関東大震災

大正一二年（一九二三）九月一日。開業日のこの日、新本館（ライト館）の落成披露宴が昼から開催されることになっていた。

それまで日本人が目にしたことがなかったような、不思議な幾何学模様が随所に刻まれた複雑な構成の建物は、設計責任者のフランク・ロイド・ライト不在のまま、八月末にようやく竣工していた。ライトの来日、設計主任着任からすでに七年、起工（動力室棟）から四年が経過していた。じつに長い道のりだった。

この日は日本海沿岸に沿うように台風が北上していた。勢力はそれほど大きいものではなかったが、関東地方には南南西の強い風が吹き、風速は昼時点で一二メートル、夕刻には最大で二二メートルに達した。もう九月だというのに、気温は昼まえに二九度近くとなっていた。屋外での準備作業に支障をきたす突風と蒸し暑さに従業員たちが辟易とするなか、披露宴の準備がなんとか終わり、来賓の到着を待つばかりとなっていた午前一一時五八分。突如、だれもが経験したことのないような激震が襲った。そのときのようすを犬丸は『ホテルと共に七十年』で詳細に回想している。臨場感あふれる記述なので、長文となるがそのまま引用する。

私は何か異様な鈍い地鳴りの如き物音を耳にしたと思った途端、足もとから突き上げてくる激動を全身に感じた。はげしい地震である。大地が大揺れに揺れ、建物は突き上げられ、突き下げられ、前後左右に揺れる。（中略）

最初の震動が終ると、私はまっしぐらに料理場へ馳せつけた。それはまったく無意識の行動であったが、その時、私の脳裡には、料理場には常に火があるのだという考えが潜在的にひらめいたのだと思う。

　ところが料理場は、料理人たちが全員逃げ出したらしく、人影一つ見当らない。そして一隅には電気炉があかあかと燃え、その上に油を入れた大鍋が乗せられたまま放置してある。しかもその床上には油滴が点々とこぼれて、それが盛んに小さな火焔を上げているではないか。

　危ない。鍋に火が入ったならば、爆発を起こして万事休すのである。私はただちに床上の火焔を踏み消すとともに、大声を発して、

「誰かいないか」

　と叫んだ。

　すると彼方の調理台の下から三人の菓子職人が、のこのこはい出してきた。私は彼らに鍋の処理を命ずるとともに、壁間の電気スウィッチに飛びついた。料理場全体の電気を消そうとしたのであるが、そも如何なる原因か、スウィッチを切っても電流が切れない。炉は依然あかあかと燃え続けているのである。

　いまは一刻の猶余も許されるべきではない。私は咄嗟の考えで変電室に走り、電気技師に、

「メイン・スウィッチを切れ」

と命じた。

しかしメイン・スウィッチを切れば、当然全館が消灯される。私としては大英断である。

「メイン・スウィッチをですか」

不審気に反問してくるのを、私は、

「そうだ。早く切れ」

と怒鳴り返した。


後段の「スウィッチ」の部分は名場面として、のちに多くの書籍で引用されるのだが、それは、ライトが導入したオール電化策が奏功したことを象徴するからだ。この電化策が、結果的に帝国ホテルを救うこととなった。関東大震災は死者・行方不明者約一〇万五〇〇〇人をだす大惨事となったのだが、そのほとんどは建物の倒壊よりもむしろ、東京の下町の家屋密集地帯を中心に起きた大火災によるものだった。

帝国ホテルでも、来賓用の昼食の支度がまだつづいていたから、従来とおなじく石炭やコークスで調理作業をおこなっていたならば、出火、延焼を回避できなかったかもしれない。この点で、ライトの電化策にあらためて注目が集まることになったのである。ただ、その後のホテルでも同様に厨房のオール電化が図られていったかといえば、そんなことはなかった。さすがに石炭ストーブはすぐに消えたが、調理人たちにとっては、それに代わって導入された燃油ボイラーやガスのほうが電気よりも格段に扱いやすく、便利だった。

支配人の犬丸は落成披露宴のために羽織袴姿だった。あわてて各所を飛びまわり指示をだすうちに、自分がそんな動きにくい正装でいることにやっと気づいた。支配人室へとって返し、急いで乗馬服と長靴に着替えた。表玄関をでると、隣の東京電灯本社で火災が起きていた。煙と火の粉が風でホテルにむかってくるので、延焼阻止のために、すでに営業していた客室棟の窓のシャッターをすべて閉めることにした。メインスイッチを切ったことで、全館消灯してただでさえ暗いのに、シャッターを閉めたことによって館内は手探りしなければ歩行できないほどの闇に包まれた。

シャッターを閉めにいくと、客室の窓のカーテンに火の粉がとりついて焔をあげていた。犬丸は従業員を叱咤激励してカーテンを引きはがさせ、手で火を消させた。地震のせいで東京中が断水し、消防設備も役に立たなかった。いまこの本館が焼失したら、自分が生きているあいだに再建することは不可能だ。なんとしても守る——。そう犬丸はこころに決めて従業員にむかって「絶対に延焼を食い止めろ」と叫んだ。そうするうちに、二階に宿泊中の米国ユニヴァーサル映画社社員某氏の、八、九歳になる女児が行方不明になった。母親はスウィッチを切るから、こんなことになるのだと、ヒステリックな声を張り上げて、われわれを叱責する。余震がしきりに襲来するなかで文字通り、全館を上から下へ暗中模索するうち、やがて、その女児が無事な姿で発見され、私は安堵の胸をなで下したのであった。

パニックになり、すごい形相で怒鳴り散らすアメリカ人の母親。未曾有の状況にあっても、冷静さを保って女児の捜索を指示する支配人。それこそ映画のようなシーンである。危機にあればこそリーダーの資質が問われ、資質があればこそ危機を乗り越えることができる。このときの体験は犬丸の記憶に深く刻まれて、その後の長いホテル経営者人生の糧となったに相違ない。

落成披露宴はもちろん中止となった。招待されていた側もホテルにむかうどころではなく、祝宴のことなど頭からすっかり飛んでいた。犬丸は、地震到来が祝宴開催中のことでなくてほんとうによかった、と回想する。もしその最中のことだったら来賓の誘導にも大混雑をきたしたことだろうし、メインスイッチを切ることも、延焼防止のための立ち働くこともできなかったはずである。アメリカ人女児の捜索も遅れていたかもしれない。あるいは厨房の大鍋から火柱が立ちのぼり、油が飛散してホテルが焔《ほのお》に包まれることになったかもしれない。

首都を襲った大震災の報は、世界にすぐ伝えられた。五七カ国から義援金、救援物資が届き、先進各国からは救助隊もやってきた。なかでもアメリカの支援はもっとも迅速かつ大規模なものだった。第三〇代大統領のカルビン・クーリッジは報を受けると、ただちにマニラや上海に寄港していた海軍艦船に指令を発し、救援物資を満載させて横浜にむかわせた。また大統領自らラジオで日本救済の呼びかけをおこない、結果的に八〇〇万ドルの義援金が集まることになった。

その一方で、木造やレンガ造だったアメリカやイギリスの駐日大使館は倒壊して、開業したばかりの新生帝国ホテルに仮事務所を置くことになった。帝国ホテル社史には、アメリカとイギリスの国旗が両方収まったライト館の写真が掲載されているが、この当時の特殊な状況を如実に示す一枚といえるだろう。またセーラー服姿のアメリカ海軍兵士が帝国ホテルに救援物資を運びこむ写真もある。とにかく、開業を迎えたばかりの新帝国ホテルが東京中心部の救援・復興拠点として機能したのだった。もちろん帝国ホテルとて無傷ではなく一部損壊していたが、それによってホテル営業ができなくなるというほどではなかった。
外国公館のほかに、社屋が焼失した東京朝日新聞、電報通信などの報道機関にもロビーの一画や客室を社屋代わりに提供した。また同様に社屋を失った王子製紙、東京電灯、大倉組、日本土木、大倉商事などもホテル内に仮本社を置いたが、これらはつまり渋沢栄一や大倉喜八郎のいわば〝身内企業〟だった。

関東大震災直後、ライト館に救援物資を搬入する米海軍兵士

帝国ホテルはこのときから救護施設となって、宿泊料を無料にして食事を提供するなど被災者支援にあたった。食事は、調理場が損壊して使えなかったためシチューのような大量に調理できるものを用意し、握りめしもつくった。

関東大震災は、東京市内でマグニチュード七・九、震度六と推定されている。避難先の本所被服廠跡で起こった巨大な焔の竜巻、火災旋風の悲劇がよく知られているが、下町の方々で大火災が発生した。木造家屋の密集に加えて昼食時間を激震が襲ったことで、かまどや七輪などが火元となり、台風の影響による強風もあって火災はあっというまに燃え広がった。東京市でも各所に消防設備は備えていたが、水道が破断していっせいに断水したことで、放水による消火活動はまったくといっていいほどできなかった。もちろん被害は東京だけでなかった。横浜でも市街地全域が焼失した。また、東京の惨事の陰に隠れてあまり知られてはいないが、小田原では土石流によって四〇〇人が死亡する惨事が起きた。

東京中心部の火災がようやく収まったのは九月三日になってからである。ホテルがある有楽町から日比谷公園に面した区域も一面焼け野原となり、日比谷公園には住む家を失った被災者が大勢やってきてバラックの小屋をつくった。

犬丸は、前述のような大企業にホテル内仮事務所を提供し、その重役たちをホテルに無料宿泊させて食事を提供した。また横浜在住のアメリカ人にまで無料の食事をさせて、帰るさいにはハム一本をやはり無料で持ち帰らせるということがつづいた。それには、アメリカから大量の支援物資が届いたことへの返礼という意味合いもあった。

そうしたことに対して犬丸は「一方にはホテル表玄関と向かい合った日比谷公園には、住むに家なき多数の避難者が、野宿の生活を営んでいる。私はこの実情を目撃して心中はなはだ釈然たらざるものを感じた」と不条理の念を書き残している。

震災発生後すぐ、ロサンゼルスの邸宅建築現場で仕事をしていたライトのもとに、スプリンググリーンのタリアセンから一通の電報が届いた。そこにはこう文字が打刻されていた。

HOTEL STANDS UNDAMAGED AS MONUMENT OF YOUR GENIUS HUNDREDS OF HOMELESS PROVIDED BY PERFECTLY MAINTAINED SERVICE

あなたの天才がものした記念碑たるホテルは、損傷もなく建っている。そして何百人もの被災者への完全なる支援拠点となっている。

この有名な電報文面のコピーは一九三二年に刊行された『フランク・ロイド・ライト自叙伝』に掲載されていて、ライトに関する多くの書籍で引用されている。そして長らく、電報の発信人は大倉喜八郎だとされてきた。

だが、じつは大倉喜八郎の名がそこに記されているわけではなかった。つまりこれは東京から届いたオリジナルの電文ではなく、そういう電報が届いたということをタリアセンのスタッフが気を利かせてライトに知らせた電文だった。そして送信人が大倉喜八郎とされたのは、電報を送ったスタッフが電文の最後に「帝国ホテルの大倉のサインがある」という注記をしたことに起因するものだった。

このことは、谷川正己が『ライトと日本』のなかで力説している。そしてまた、オリジナルの電文がはたしてこういう美文調だったのかどうかも定かでない。「帝国ホテルの大倉」とは、このころには父喜八郎から会長の座を引き継いだ大倉喜七郎であり、すでに退いている喜八郎がライトにむけて国際電報を発するというのも腑に落ちない。

だからこれは、帝国ホテルのしかるべきポジションのだれかが、大倉（喜七郎）会長の名でライトのもとに現状を報告するために送ったものと解釈するのが妥当ではないだろうか（もちろん本人の了承をえて）。喜七郎は、工期も予算もまったく守る気がないライトに呆れ返って鉄槌を下した最高責任者であり、自身が率先して電報を送った、あるいは部下にそれを指示したとは考えにくい。

そしてまたライトも、ホテルの完成目前で現場放棄せざるをえない状況に追いこんだ会社の代表で、前掲の書簡にあるように嫌っていた喜七郎の名を、わざわざ自叙伝に記すはずもない。ライト起用を熱心に説く林愛作支配人の理解者だった先代の大倉喜八郎の名に、ライトが自叙伝のなかですり替えた。そういう解釈も成り立つのではないか。あくまでも推理であるが。

唯一無二の空間、その使い勝手

大谷石、装飾タイル、テラコッタなどの構成素材による複雑で芸術的な意匠に目がむきがちなライト館であるが、計算されつくした空間の連続による視覚効果もまた、それまでの建築にない大きな特徴だった。

その好例を、正面エントランスからロビー、さらに食堂へとつづく連続した直線ラインにみることができる。車寄せからエントランスをくぐる。ここまでの天井は極端に低い。半円形の小階段をあがるとホワイエがあり、ここもやはり天井はそれほど高くない。そしそして、ここまで歩んでいく過程で、その先に広がる三層吹き抜けのロビー空間の広大さが予感されてきて、来館者の期待値を一気に高める。ホワイエの先にも小階段があり、そこをあがればすっかりロビー全体が目に入る。狭隘《きょうあい》な空間から一気に大空間へ導く視覚効果によって、訪れる者の感興を呼び覚ますドラマチックな設計の妙なのである。

こうした天井高の極度の高低差と、ステップフロア導入による演出はライト館のいたるところで採用されていた。そのために小階段があちらこちらに設けられたのだが、踏面が広く段数は少ないので高齢のゲストも苦にするというほどではなかった。バリアフリー化が徹底された現代にあっては考えられない造作といえるが、その複雑な高低差設計もまたライト建築の理念を語るうえで抜きにできないものなのだ。このエントランス～ホワイエ

〜ロビーという空間のあり方を、われわれはいま博物館明治村で実際に目にし、そこにライトの創意を感じとることができる。

ただ、このエントランス〜ホワイエの部分をあえて狭くして、ロビー空間の広がりを強調するというライトの設計の妙は、のちにグループ客のチェックイン・アウト業務で混乱をきたすことになる。フロントおよびクラークはエントランスの脇部分に設けられていたが、そのサイズも、ハンドリングのキャパシティもかなり小さい。二七〇室という客室規模に照らしても小さすぎたといえるだろう。大正から昭和の前半までは個人客が中心だったからまだよかったのだが、戦後になってグループ客が混じってくると、さばききれないという状況が生じてきた。ライト館はやがて建物の老朽化が危険レベルに達し、解体反対運動が盛りあがるなかで建て替えが断行されるのだが、このフロントのキャパシティ問題も建て替えの促進要因となったのである。

ロビーの最大の特徴が、細密で複雑な幾何学的デザインと透かしタイルなどによる芸術的照明効果だとすれば、のちに「孔雀の間」と命名されることになる三階の大宴会場と、そこにつづく宴会プロムナードの特徴は、大谷石とスクラッチタイルやテラコッタを組み合わせた大胆な造形だった。大宴会場の八方の隅には孔雀をデザイン化した大きなテラコッタ造形が据えられ、これが孔雀の間の命名につながった。

天井や壁面の造形も非常に複雑であり、そこに巨大な彩色壁画も描かれた。壁画制作は繁岡鑒一《しげおかけんいち》が担当した。繁岡は美術学校日本画科をでるとすぐに、帝国ホテルのライト事務所設計部に美術担当として勤めることになった。大倉喜七郎に高く評価された彼はその後、川奈ホテル、赤倉観光ホテル、ホテルオークラの美術・インテリアをつづけて担当していくことになる。

――とこう書いていっても、この空間演出のスケールを文章で説明するのは至難の業だ。筆者は建築の専門家ではないので、それはライト建築研究の諸書に任せることにするが、一般のひとがその妙を理解するのに役立つ秀逸な動画作品がある。

アメリカのフランク・ロイド・ライト財団がユーチューブむけに制作した一三分強のバーチャルリアリティ動画「Frank Lloyd Wright：The Lost Works ― The Imperial Hotel」である。ライト館の三六〇度全景、建物内部のディテールまで、まるでそこを実際に訪れて見学しているような感覚に包まれる。周辺の街区のようすは木立が多すぎてまるで東京郊外かリゾート地のようだし、ロビー空間のサイズ感など、明治村に移築された現物とくらべればかなり〝誇張〟がある気もするが、それはご愛嬌としよう。

それでは客室のようすはどうだったか。これについては犬丸徹三の『ホテルと共に七十年』からまた証言を引用することにする。

ひそかに思うに、この建物は全体に比類なき調和を保っていることが長所であるが、一方この調和の蔭に多くの欠点が指摘される。その一例として、客室がまことに狭隘で窮屈なことを挙げたい。各室とも一見したところ、はなはだ快適と思われるが、一旦これを使用してみると、実に住みにくいことが判然とする。カーテンの工合《ぐあい》、窓の形状、寝台、椅子の位置などはたがいに調和を保っているが、この調和が室を利用する場合、逆に窮屈な気持ちを醸成し、したがって宿泊客にとっては、まことに余裕の感じられぬ室となる。これは家具と室の調和のみに力点をおいて建築した結果であって、実用性においては、やや稀薄であるといわなければなるまい。

犬丸の評はかなり厳しい。住宅建築でもそうなのだが、ライト建築の特徴の一つに家具類や照明器具まで自分でデザインした特注品を納めるという方式がある。それによって空間の調和効果を最大化する目的なのだが、ときに過剰になってしまうこともあったようだ。土地が広大なアメリカの大邸宅ならば、それは計算しつくされて大きな効果を生むが、面積が限られる一般ホテル客室（スイートならともかく）の場合は適当にしておかないと、犬丸がいうように窮屈感につながってしまう。調理人出身ではあるが、欧米のさま

一般客室（ツイン）の写真。家具もすべてライトが設計した

ざまな高級ホテルで働き、客室のあり方にも通じている犬丸にしてみれば、その点は看過できなかったのだろう。

たしかに、社史に掲載されたスタンダード客室（ツインルーム）の写真をみると、部屋の隅に置かれた二台のベッドの手前に、背もたれが六角形をしたライトデザインの椅子「ピーコックチェア」や、四角形テーブルや、ソファーがごたごたと置かれていて、ゲストたちはそのあいだを窮屈そうに移動していたであろうことが想像できる。どうみても過剰なのである。

それまで経験のなかったホテル建築で、しかも面積が限られる一般客室で、家具調度に対する従来の原則、こだわりをそのまま持ちこんでしまったとすれば、それはやはり窮屈な空間にならざるをえない。ただ、犬丸はこの文章につづけて、ライト自身からこう伝えられて得心したこともつけ加えている。

　この建物には莫大な費用を投じたが君はこれを使用してみて、初めて、その費用が実際には低廉なものであったことを悟るであろう。なぜかといえば、それは室内に花瓶、掛額、置物など、高価な装飾品が皆無だからである。私はかかる装飾品を必要としないよう設計に考慮を払った。

犬丸には過剰と思われた、特注で統一された家具調度は、ライトの論理に照らせばそういうことになる。客室のあり方について厳しい評価を下した犬丸だったが「それ以来、この館の室々には装飾品類を備えないことを原則として現在に至っている」と、ライト館が存在したあいだはその忠告を順守し、客室のインテリアをいじることをいっさいしなかった。それはライトへのオマージュだった。

ライト館の正面玄関のまえには、噴水を備えた大きな長方形の蓮池があり、これは博物館明治村でも再現されている。この池はじつは設計段階で、経営陣から「必要なし」の断が下されていた。

ライト館開業の時代もいまも、リゾートホテルなどはべつとして、大都市中心部でホテル本館のまえに池を設ける建築はほとんどない。大正年間の東京中心部の開発はまだ悠長なもので、公共施設や外国公館などは二〜三階建ての建物に前庭を設けるところはあった。だが、かつての大名屋敷地や侯爵邸跡地などに建てられた一部のホテルを除けば、非営利スペースの代表ともいえる前庭や池などにスペースを割くところはなかった。それでなくとも、ライト館はパブリックスペースに割いた比率が非常に大きかった。安定的に収入を生みだす客室の面積割合はそのぶん小さく、細長い両翼の棟に設けられているだけである。そして、敷地面積や施設の全体規模からすれば、二七〇室という客室数はやはり少なかった。

「玄関のまえに池を設けて、それがどんな集客の効果につながるのか」

ライト館のポストカード（ホテルオリジナル版で、昭和初期ごろの撮影と思われる）

敷地配置図を目にした経営陣が異を唱えたのも無理からぬことだった。工事費はすでに大きく超過していて、もはやカネを生まない無駄なものを設けることは許されない。だが、ライトはかたくなにその必要性を説き、結局は、池を敷地配置図に落としこんでそれを実施設計図にまで持ちこんだ。

建物が竣工してみれば、そびえる中央棟の両翼に客室棟が完全なシンメトリーで並び、日比谷通りの側からみて奥に行くほど高くなる設計はこれもまた視覚効果が絶大だった。周辺のどこにもそんな姿をした建物はなかった。そして手前に置かれた蓮が浮かぶ池は、たしかに大きなアクセントとなって来訪する者の期待感を高めた。

たとえばそこに池がなくエントランスをもっとまえに置くようなことになっていれば、シンメトリーの両客室棟の美観も減じていたかもしれない。池は防火の面でも役に立った。関東大震災時は断水によって消火栓が使用不能となったが、従業員たちは池からバケツで水を汲んで消火にあたった。

ところで、ライト館といえば大谷石や装飾タイル、テラコッタによる造形に話題が集中するが、鉄筋コンクリート（RC）造の大規模建築としても時代をリードしたものだった。大谷石や装飾タイルは、その基本構造であるRC軀体の表面を飾った装飾物だったのである。RC造の建物は明治後期から東京や横浜で建てられはじめたが、そのころはまだレンガ造との複合建築というレベルだった。

建築全体を完全なRC造とする建物としては、明治四四年（一九一一）に竣工した三井物産横浜支店（地上四階・地下一階建て）がはしりであり、これは立派に現存している。ライト館が建ったころは、まだ東京市中心部でも本格的なRC造建築は少なかった。それが一気に普及するのは関東大震災以降のことで、RC構造が震災や火災に強いことが実証されたためだった。

ホテル営業の新時代

孔雀をモチーフとした不思議な造形をはじめ、さまざまなテラコッタ美術や大壁画に彩られた大宴会場。その空間は比類のないもので、最大一〇〇〇人収容のキャパシティを誇った。やはり不思議な形状をしたシャンデリアが天井から吊られ、その光線がホテルの造形芸術をおごそかに、怪しげに照らしだした。「薄暗い」というようなネガティブな評価もあったが、その空間の雰囲気は日本の伝統建築はもちろん、過去のどんな西洋建築にもみられないものだった。

大宴会場・孔雀の間。中央ホールの柱上部を、孔雀を抽象化した大谷石の造形（合計８つ）が飾っていたことから、のちに「孔雀の間」の名がついた

大宴会場の噂はすぐに関東一円に広がった。大震災の影響が落ちつくと、宴会や結婚披露宴での利用予約があいついだ。独特の雰囲気をたたえる空間で提供されるフランス料理も、時代の先端をいくものだった。震災でほかの宴会施設の多くが

被災して再建中だったこともあり、「宴会を催すなら帝国」という流れができあがっていった。

わけても婚礼は、犬丸支配人がもっとも力を注いだ分野だった。昭和に入るとすぐに多賀神社を分祀してホテル内に安置し、そこでの挙式と大宴会場での披露宴をセットにした商品を売りだして大ヒットさせた。ホテル婚礼を開拓した意義はたいへん大きく、これを雛形としてほかのホテルでも婚礼商品の導入がブームとなり、やがて高度成長期のホテル業界発展の大きな原動力となっていく。帝国ホテルはそのパイオニアだった。

この大宴会場では、大震災で東京中心部が壊滅的となったその年の暮れにもクリスマス午餐会とダンスパーティーが開催された。諸外国の駐在員からの強い希望があり、また希望の明かりを絶やさないという思いからの開催だった。告知はごく控えめにおこなったらしいが、東京朝日新聞（一二月二六日付）によると、外国人と日本人がほぼ半々の六五〇人もの参加者が集まったという。ホールの中央には、綿の雪と金銀の装飾がにぎやかな大きなクリスマスツリーが設置され、テーブル上にはセルロイド製の玩具が各席に用意された。午餐のあとのダンスパーティーでは、バンドの演奏に合わせて参加者たちが各種のダンスを楽しんだ——と記事にある。

専用劇場である帝国ホテル演芸場も活況を呈した。ホテルのなかに劇場があるというのもこの時代ならではだが、もともと欧化政策によって誕生したホテルだけに、西欧の音楽や演劇を上演する場はある意味で必須のものといえた。外国の演奏家を招いてのコンサート開催は大きな人気を呼んだ。

客席800を擁した帝国ホテル演芸場

日比谷堀まえの帝国劇場が関東大震災の火災によって焼け落ちていたので、翌年に同劇場が再建されるまでは、この帝国ホテル演芸場が大正モダニズムの娯楽シーンを支える場となった。「演芸場」という名称からは小劇場をイメージしてしまうが、じっさいは二層吹き抜けの大空間で、下階席と上階バルコニー席を合わせて八〇〇もの客席を設けていた。バルコニーの柱や梁部分にはライト流の幾何学的模様の装飾が縦横に配され、その雰囲気は世界のどこの劇場にもない独特なものだった。

日本のホテルでアーケードを設けたのもライト館が最初だった。正面エントランスを入ると左側に階段があり、地下におりていくとアーケードがあった。外国人客むけの土産物店が軒を連ね、真珠製品や、外国人むけにあえて派手なデザインにした着物が人気だったらしい。薬局や郵便局なども置かれた。こうしたホテル内アーケードのあり方は、昭和三九年の東京オリンピック開催に合わせてつぎつぎと建てられた東京の高級ホテル群でもスタンダードとなっていった。

中央棟奥二階に設けたグリル食堂も、この時代としては画期的なものだった。ホテルや市中の店を含めて、それまでの西洋料理レストランでの食事は基本的にコース料理（ムニュ）形式で、選択の余地はあまりなかった。それをグリル食堂ではアラカルト中心のスタイルに改めた。

客は好きなものをリストから選んで、自分好みのムニュに仕立てることもできるし、食欲があまりないときは単品だけをオーダーすることもできた。さらにグリル料理が売りものだから、こってりしたフランス料理の調理法やソースが苦手な客にも喜ばれた。これは画期的なことだった。あくまで正統派のフランス料理を味わいたいという場合は、大食堂を利用すればよかった。

グリル食堂の開設を発案したのも犬丸で、アメリカで働いていたころの経験から、そういう業態が喜ばれるはずという確信をかねて持っていた。グリル食堂はアーケードなどとともに、ライト館全館開業の前年一一月に前倒しで開業していたが、その気軽さから高い人気を誇った。このグリル業態は、ライト館全館開業の四年後に横浜に開業したホテルニューグランドでも導入され、メインダイニングとはちがうカジュアルなメニューを提供してよろこばれた。

ライト館時代の料理人列伝

明治期開業の初代のときから、帝国ホテルは西洋式を旨とする迎賓施設として運営された。食堂や宴会場で提供される食事はフランス料理が基本であり、料理人もその道で経験を積んだ者が採用された。初代料理長は冒頭の章でも触れた吉川兼吉で、彼は横浜居留地のグランドホテルで「日本フランス料理の父」とされるルイ・ベギューの教えを受け、鹿鳴館勤務ののちに帝国ホテルに迎え入れられた。

ライト館が開業したころは内海藤太郎が第四代料理長を務めていた。この内海はとても個性的な人間だった。内海のもとで見習いから修業した前出の田中徳三郎は自叙伝『西洋料理六十年』のなかで内海の半生についても詳しく書き残している。

それによると、内海ははやくに両親を亡くし、横浜の伯母の家に引きとられて育ったのだが、その伯母の夫がフランス人だった。小学校にもろくにいけなかったので読み書きが苦手、わずかにカタカナが書けるくらいだったが、義伯父に教えこまれたものかフランス語はたいへん得意だった。外国人居住区に育ったこともあり一二、三歳のころにはフランス料理の見習いをはじめ、やがて横浜のオリエンタルホテルに入る。フランス人シェフのもとで見習い修業からはじめ、帝国ホテル入社のまえには二番手シェフにまでなっていたらしい。フランス語が堪能でコミュニケーション能力が高かったことが、やはり大きな強みとなったのだろう。

同時代にフランスに渡航して、料理界に名声をとどろかせるオーギュスト・エスコフィエの息吹に触れた料理人には、築地采女橋・精養軒の西尾益吉《にしおますきち》、三田・東洋軒の林玉三郎《はやしたまさぶろう》、さらにおなじ東洋軒出身で「天皇の料理番」として知られる秋山徳蔵らがいた。一方で内海はフランスにわたることはついぞなかったが、得意なフランス語学を生かして、エスコフィエの料理書原書を肌身離さず携行しながらその研究に心血を注いだ。そしてこの内海の研究を源泉として、帝国ホテルのフランス料理はこののち「エスコフィエ流」を定着させていくことになる。

明治四二年（一九〇九）、第三代料理長を務めていたフランス人のジュロンがその高給に見合わないという判断から解雇され、後継で登用されたのが内海だった。フランス料理の理解と技能については、ほかのどの日本人料理人にも負けない。内海のそういう自負は強いリーダーシップを生み、帝国ホテルで働く料理人たちを牽引していった。内海が新料理長に就任したのは初代本館時代の末期で、同時期に林愛作が支配人に招聘されている。

新本館（ライト館）建設計画は、ようやく用地明けわたしの交渉が政府とのあいだでまとまったというタイミングである。

ここに、ちょっとしたいさかいが起きる。勇んで取締役支配人に就任した林は、外国人だけでなく、経済力をつけてきた日本人をどんどん顧客にとりこんでいかないと将来はないと踏んでいた。だからレストランのメニューも本格フランス料理だけでなく、醬油やみりんを使うなど日本人の舌に合うようにアレンジしたものも必要だと考えた。それは、多民族国家で価値観が多様なアメリカで暮らしたからこその判断だっただろう。

しかし、林からそれを提案された内海は頑として受け入れなかった。

「すき焼き以外で醬油を使った料理は外国人には適さない、ニセモノのフランス料理などつくることはできない」

それが彼の言い分だった。林も内海もけっして自分を曲げることのない性格である。エスコフィエの料理書に魅了されその信奉者となっていた内海にしてみれば、林の命令は屈辱でしかなかったのだろう。林支配人が新たな顧客である国内客に目をむける一方で、このころの料理人たちは聖地ともいえるフランスに完全に意識がむいていた。日本流のアレンジをほどこしたフランス料理をつくるなどということは、その本道を捨てろというに等しいのである。

料理人たちの抵抗に遭った林は、営業改革のためには内海を切るしかないと覚悟を決める。ところが、内海が陣頭指揮してつくる料理は外国人たちのあいだで日増しに評価を高めていくのだった。そんな評判を耳にするにつけ、林もやはり態度を軟化させずにはいられなかった。林は、このあと本館全焼と新本館建設遅延の責任をとって支配人を辞任することになる。

初代本館のころはまだ厨房もそれほど大きくなかったが、ライト館の時代になって大小宴会場、大食堂、グリル食堂と飲食施設の種類と規模が大きく拡大し、厨房の規模もそこで働く調理人の数も増えた。内海に鍛えられた料理人には第七代料理長の高木米次郎《たかぎよねじろう》や、第八代料理長の石渡文治郎《いしわたぶんじろう》らがいた。

内海は大正四年に帝国ホテルを退社すると、姉妹ホテルである大阪ホテルの勤務を経て、昭和二年に横浜で開業したホテルニューグランドに移る。そして料理長として日本にやってきたサリー・ワイルを補佐する二番手となった。明治七年生まれの内海はこのとき五三歳。まだ調理はやれるが、最前線で陣頭指揮をするには体力も厳しくなっていた。そこに横浜の新会社から強く乞われて決断したのだろう。ワイルは、ホテル支配人であるフランス人のアルフォンゾ・デュナンの紹介で招聘されたユダヤ系スイス人で、フランスで長く料理人生活を送っていた。

ホテルニューグランドとしては支配人、料理長ともに外国人だから、フランス語が堪能で、従業員たちとの橋わたし役となれる経験豊かな日本人の人材がどうしても必要だったのだ。あるいは帝国ホテルが協力し、内海を説得したのかもしれない。ただ、このホテルニューグランドでの勤務は長くなかった。内海はその後、神戸オリエンタルホテル料理長となって関西フランス料理界の人材育成に貢献した。

料理人ではないが「帝国ホテルのパン文化」の礎を築いたベーカーのイワン・サゴヤンも、ライト館時代初期に輝きを放った存在だった。日本にパン文化を定着させる端緒を開いたのは、明治五年開業の精養軒（馬場先門）初代料理長でベーカーでもあったスイス人のカール・ヘスとされているが、本格的なホテルベーカーとしての先駆者がアルメニア人のサゴヤンであることに異論をはさむ関係者はいないだろう。

それほどに、彼の技術伝播が日本のパン食文化に果たした役割は絶大だった。彼の弟子たちがホテル草創期のベーカー部門を支え、そこで習った職人たちが地方のホテルや街場に拡散していき、西欧各国にけっして劣らないほどの今日のパン食文化を日本に根づかせる出発点となった。その点では「日本の食文化転換」で同時代の料理人たち以上の影響力を持った存在といえるだろう。明治四三年、このサゴヤンを日本に招き寄せたのは当時の会長である大倉喜八郎だった。
帝政ロシアと清朝が利権を競い合っていたハルビン。そこのホテルに滞在した大倉は、朝食で口にしたパンのおいしさにひどく感激する。レストランの担当者にパンを焼いている人間に会いたいと頼み、紹介されたのがサゴヤンだった。明治のはじめに自費でヨーロッパに視察旅行をおこない、日本企業初の海外拠点となった大倉組商会ロンドン支店をだすなど、はやくからヨーロッパとのあいだを行き来した大倉だったから、西洋の料理文化にも通じていた。大倉は、持って生まれた猪突猛進ぶりで目のまえの大男に「日本最高峰の帝国ホテルにきて、パンの技術を調理人たちに伝えてくれないか」と説得にかかった。

ロシア領アルメニア生まれのサゴヤンは非常に優秀なパン職人で、ロシア皇室の専属職人となる予定だったが、出身が辺境のアルメニアであったことから採用が見送られたのだという。そのうちロシア革命が起こって国内が政情不安となり、ハルビンに逃れてきて、大倉と出会うことになるホテルに勤務していたのだった。サゴヤンが焼くパンは、ロマノフ朝好みのものだといわれる。ロマノフ朝は血縁でドイツとの結びつきが強かったから、ドイツ流のパンが好まれたようだ。サゴヤンのパンの口あたりはつねに軽いものだったという。それは、主役はあくまで料理であり、パンはその引き立て役だという考えからだった。

サゴヤンがホテルにやってきたことで、当時の支配人である林愛作は「製パン部」を独自に設けることにした。ホテル内に専用洗濯工場を設けたのとおなじで、その道の専門部隊を置くことで品質が向上し保たれるという理念にもとづいていた。それまでは料理人が片手間、見様見真似でパンを焼いていたわけだが、専門職が焼くパンはやはりちがった。

一枚の写真が『帝国ホテル百年の歩み』に大きく載っている。昭和五年当時の料理部門社員の集合写真で、最前列中央に会長の大倉喜七郎がなぜかコック帽とコックスーツ姿で鎮座していて、右隣に当時の料理長である高木米次郎、さらにその右隣に巨漢のサゴヤンが窮屈そうに体を縮めて座っている。着座が料理長の横なのだから、かなり優遇されていたことがわかる。

サゴヤンは耐火煉瓦でつくった石窯でパンを焼き、それは製パン部で昭和三〇年代までずっと使われた。毎朝、彼は仕事をはじめるまえに空を念入りに眺めるのを日課にしていた。それによって気温と湿度を肌で感じとり、パン種づくりに生かすのだった。また窯の温度や湯加減も温度計などは使わず、かならず自分の指でたしかめていた。彼のことを「イワンおやじ」と呼んで敬愛した弟子たちは、そんなふうに証言している。サゴヤンは帝国ホテル電話交換室の日本人女性社員と結婚し、三人の娘を儲けて、昭和二年に七二歳で亡くなるまでずっと東京に暮らした。

イワン・サゴヤンと同時期に勤務した第七代料理長の高木米次郎は、犬丸徹三とは長春ヤマトホテル時代の同僚だった。犬丸はライト館の厨房設計を任されて入社した。もともと料理人として海外の高級ホテルをわたり歩いた犬丸は、働きやすくて効率的な厨房とはどういうものかを理解していて、厨房内は左側通行とする規則をつくるなどした。また自動皮むき器や電動ミキサーなど料理器具の電動化も大幅に進めた。その厨房のいっさいを任せるに足る人材、それが高木だった。彼はイギリス大使館や大連ヤマトホテルで料理長を務めたあと、犬丸の求めに応じて帝国ホテル料理長となった。

高木が指揮する調理部門が果たした世界的な大仕事がある。それは昭和四年（一九二九）に北半球一周（アメリカ～ドイツ～日本～アメリカ）を果たした硬式飛行船のツェッペリン号への「機内食」提供だった。

ドイツを発って広大なシベリアを横断した巨大な飛行船は、茨城県の霞ヶ浦海軍航空基地に着陸して地元のひとたちを驚嘆させた。乗客や乗員は帝国ホテルに宿泊し、大宴会場では盛大な歓迎レセプションが開催された。そして霞ヶ浦からアメリカへの六一人・六日分（飛行予定四日分＋予備二日分）の機内での食事の調理・調達もホテルが担った。この一連の業務受注の統括役を担ったのは、アメリカのコーネル大学でホテル経営学を学んで帰国した剣持確麿《けんもちかくま》だった。

硬式飛行船は、アルミ被殻の船体内に収めた水素ガス封入の風船によって浮上する。当然、機内は火気使用禁止である。そのため食事メニューはすべてあらかじめ調理して、しかも保存のきくものでなければならない。当時としてはたいへん大きな課題であり、重責だった。剣持は高木料理長と協力して研究を重ね、料理を缶詰にし、あるいは日本ドライアイス会社の協力を得て保冷する仕組みを整えた。

この結果、世界の一大注目イベントをみごとに支えることができた。剣持は「高木料理長以下料理場一同および用度倉庫係一同の美しき協同精神が発揮された結果」と報告書に記して、作業に従事した社員たちの努力を称えた。剣持はその後、帝国ホテルから東京鉄道ホテル（のちの東京ステーションホテル）に転出して総支配人となった。

高木米次郎の後任として第八代料理長となった石渡文治郎は、昭和三年から七年にかけて実施された「帝国ホテル欧州留学」の第一陣派遣員に選ばれてフランスにわたった。そしてパリの名門ホテル・リッツで料理長を務めるオーギュスト・エスコフィエのもと修業した。先輩料理人たちも崇拝してやまないエスコフィエに調理現場で直に接して、教えを

パリ・リッツで研修中の石渡文次郎（右）と、師と仰いだオーギュスト・エスコフィエ（昭和５年ごろ撮影）

受ける。もちろん手取り足取りなどというわけはなく、現地スタッフたちの冷たい視線にさらされながらの厳しい修業だったはずだが、それでも石渡にとっては夢のような日々だっただろう。

　この第一陣派遣では、帰国後に宴会料理を仕切ることになる栗田千代吉《くりたちよきち》、倉庫係でサービス器具などの克明な報告書を作成した郡司茂《ぐんじしげる》も加わった。もちろん石渡もその都度、エスコフィエ直伝の料理技術について詳細な報告書を犬丸徹三支配人宛てに書き送った。料理人や食堂サービス係、倉庫係などのスタッフを対象に二〜三年の期間で派遣するこの制度は、会長の大倉喜七郎が旅費・滞在費をポケットマネーから供出し、派遣先ホテルでの期間中の給料は全額、帝国ホテルが支払うものだった。それだけ帝国ホテルは、本場一流のホテルサービスに肩を並べることに心血を注いでいた。大倉は若いときにヨーロッパ暮らしをしていて食通だったので、自分が会長を務めるホテルの西洋料理は、あくまで正統派でなければ気がすまなかったのだろう。

リッツでの九カ月間の研修後、石渡はおなじパリのレストラン・プルニエで魚介料理を学び、さらにイタリアでも料理研修をした。犬丸が石渡に命じたのは料理研修だけではなかった。ソーセージなど加工肉製品や缶詰の製法、トリュフやフォアグラ、西洋野菜の研究も同時におこなっていた。こうした調理加工製品はやがて、パンや洋菓子とともにホテルの外販製品として売上増に貢献していくことになる。

石渡が料理の道に入ったのははやかったが、本格的な西洋料理の修業をはじめたのは二二歳と遅く、横浜のグランドホテルに入ってからだった。この時代の料理人は一二〜

GHQ接収時代のホテル厨房。アメリカ軍が調理業務すべてを監督管理した

一三歳くらいで見習いに入るのがふつうで、まわり道をした石渡は厨房でかなり苦労する。しかしたいへんな努力家なので、料理の腕はすぐに周囲の者を追い抜き、大正一一年に帝国ホテルに入社することができた。ライト館全館開業の一年前、グリル食堂と大宴会場が営業を開始したころである。帝国ホテルに入ってからも昼夜を問わずよく働き、当時の内海藤太郎料理長にもかわいがられた。その甲斐あって欧州留学第一陣にも選出され、帰国後は料理長に抜擢されることになった。

第一一代料理長で現本館の料理部門最大の功労者である村上信夫《むらかみのぶお》は、師匠の石渡文治郎について、「帝国ホテルの料理部門の基礎を築いた功労者だ。卓越した技術と博識で調理場全体を睥睨していて、あたりを払う威厳があった」(『帝国ホテル 厨房物語』)と記していて、石渡のことを「おやじさん」と呼び敬愛していた。

太平洋戦争敗戦と同時に帝国ホテルは接収されたが、GHQはホテルに駐留するアメリカ軍人のために提供する料理をアメリカ流に変更するよう命令した。しかし石渡は、帝国ホテル伝統のフランス料理を捨てるわけにはいかないと、それをきっぱり拒否した。石渡と折り合いが悪かったアメリカ軍炊事担当軍曹はこれを大きく問題化する。困った帝国ホテルは石渡を系列のレストラン・リッツに出向させ、接収解除を待つことにした。

しかし石渡はその解除の日を迎えることなく心臓病で急死した。このころ彼は、創刊したばかりの日本ホテル協会機関誌『ホテルレビュー』で、修得した料理技術のすべてを次世代に伝えるための「私のメニュー」を連載していたが、無念にも第一〇回を迎えたところで中止となってしまった。最後まで書かれて書籍としてまとめられたならば、きっと多大な影響力を持つものになったことだろう。

第五章　大戦の時代へ

二つの決起事件とホテル

昭和六年（一九三一）九月一八日、中華民国奉天の郊外で関東軍が起こした柳条湖事件を発端に、満洲事変が勃発。関東軍は半年で満洲全土を占領し、八年五月、中華民国とのあいだで停戦協定が結ばれる。そしてこの事変を端緒として、日本は日中戦争、太平洋戦争へと雪崩《なだ》れこんでいく。大戦の時代の到来である。

満洲事変勃発からさかのぼること二年。ニューヨーク株式市場が大暴落し、世界恐慌が巻き起こった。この波濤はすぐに日本にも伝わって昭和恐慌の暗黒がやってきた。市中には失業者があふれ、親が苦労して子どもを大学にやっても就職先はまったくなく、「大学は出たけれど」という流行語が生まれた時代だった。農村の窮状もひどかった。大量の外米流入による米価暴落、生糸の対米欧輸出激減などから収入が途絶えた。満足に食べることができず、若い女性の身売りもめずらしいことではなかった。一方で大財閥などに富は集中して格差が急拡大し、社会不安が増大していく。

そういう世相にあって、政党政治は富裕層の保護にばかり腐心しているとして敵視されるようになる。世間は不満を募らせ、活動家は過激化していった。さらにロンドンでおこなわれた海軍軍縮会議で日本が不利な条件を呑まされたことでも軍部内で不満が募り、それが引き金となって濱口《はまぐち》雄幸《おさち》首相暗殺未遂事件をはじめ、軍事政権樹立を目指す陸軍将校らによるクーデター未遂事件がつづいた。

そうした流れから起きたのが、海軍の青年将校らが首謀者となった昭和七年の五・一五事件だった。「昭和維新、尊皇斬奸《ざんかん》（天皇のために奸臣を斬る）」を唱えて武装した海軍将校たちは首相官邸に押し入り、犬養毅首相を殺害した。さらに内大臣邸、立憲政友会本部、警視庁、日本銀行、三菱銀行本店などを襲撃した（いずれも失敗して被害は軽微なものだった）。首相官邸ではこの日の夜、来日した喜劇王チャールズ・チャップリンの歓迎会がおこなわれることになっていた。

五月一四日朝、神戸港に上陸したチャップリンの一行は、そのまま列車で東京駅に移動する。すると東京駅には四万人ほどのファンが駆けつけていて、とんでもない騒動となった。翌一五日付の東京朝日新聞はつぎのように派手な見出しを打った。

〈熱狂の渦巻きの中を　もみくちやになつてホテルへ〉
〈遂にドアまで破る騒ぎ　その夜の帝国ホテル〉

東京駅だけではなく、チャップリンの宿泊先である帝国ホテルにも大勢が詰めかけ、興奮したファンたちがドアのガラスを破ってしまうという騒ぎが起きたのだった。犬丸徹三は急遽、客室（一九五号室）にチャップリンを入室させてそこで一息ついてもらい、その後に記者会見の会場へと導いた。騒然としていつまでも帰ろうとしないファンのために、チャップリンは夜一〇時半になって二階バルコニーに姿をみせ、ファンにあいさつした。

翌一五日、首相の歓迎会に出席することになっていたチャップリンだが、急遽その予定を変更して両国国技館へ相撲見物にでかけてしまう。そしてその夕刻、官邸で犬養首相は暗殺された。青年将校たちは、チャップリンも同時に暗殺すれば「日米関係を困難にして人心の動揺を起こし、政治革命（軍部政治）進展をすみやかにすることができる」（首謀者の古賀清志海軍中尉の裁判証言）と考え、それを秘かに企てていたのだった。急遽チャップリンが予定を変更したのは、秘書兼運転手としていっしょに来日していた日本人の高野《こうの》虎市《とらいち》が、軍部から暗殺の情報を得ていたからだという見解があるのだが、はたしてどうだったのだろうか。

昭和一一年にはついに二・二六事件が起きる。こんどは陸軍の二〇〜三〇歳代の青年将校や思想家らが、約一五〇〇人の下士官・兵を率いて決起する大事件に発展した。

二月二六日早朝からつづいたこの決起事件では、大蔵大臣の高橋是清、内大臣の斎藤《さいとう》実《まこと》、教育総監・陸軍大将の渡辺錠太郎《わたなべじょうたろう》など四人と警察官五人が殺害され、侍従長・海軍大将の鈴木貫太郎《かんたろう》らが重傷を負った。五・一五事件と同様に「尊皇斬奸」を掲げての決起だったが、天皇は国政に貢献した重臣を殺害したことに激怒して即刻鎮圧を命じ、決起部隊は一転して大元帥に叛く反乱部隊となった。

ここに石原莞爾《いしはらかんじ》（大佐）が登場する。柳条湖事件、満洲事変の立役者となったが、それ以降は中国侵攻に反対し「アジア諸国は昭和天皇を盟主として一つとなるべき」という立場をとった陸軍の偉才にして異才である。政府要人の暗殺がつづいた二六日朝、鎮定の命を受けた彼は、決起軍が詰める陸軍大臣官邸に単身ふらりとやってきた。決起首謀者の一人である磯部浅一《いそべあさいち》が遺した『行動記』は、石原が青年将校たちに「なにが維新だ。なにも知らない下士官を巻きこんで、維新がやりたかったら自分たちだけでやれ」と一喝したと記す。
その日の深夜、石原は二人の人物に招かれて帝国ホテルを訪れる。ロビーの応接間で会ったのは、満井佐吉《みついさきち》と橋本欣五郎《はしもときんごろう》。満井は熱血漢、能弁の皇道派中佐で、決起に関与したとして事件後に禁錮三年の判決を受けた。のちに東条英機内閣による翼賛衆議院選挙に当選したが、戦後は公職追放となった。また大佐の橋本も右翼活動家として何度もクーデターに関与していた。事件のさいは、決起部隊に有利となるよう昭和天皇への仲介工作を試みたが失敗した。三人は約一時間にわたって会談したのだが、その内容は、

流血を見ずして部隊を解散させるためには政局をまず安定させなければならぬとする両氏の意見で、私にも所見を求められたのであった。帝国ホテルでは両氏以外は誰にも会わず、もちろん叛乱軍と連絡したことはない。

これは『石原莞爾選集第九巻』に掲出されている、石原六郎《ろくろう》（莞爾の弟）による「兄の憶い出―二・二六のころ―」の項の一文だ。事件後、昭和維新を目指す二人の活動家と会っていたことから、石原莞爾は決起をけしかけた張本人という噂が流布されたのだが、これは、それに対する反論の投稿原稿を弟の六郎が引用したかたちで選集に収められたも

のである。石原はこのとき、政府側と決起側の双方で受け入れ可能な内閣のあり方について相談するとともに、天皇による大赦と引き換えに反乱部隊が帰順するよう満井に工作を依頼していた、というのが実際のところだったらしい。

決起翌日の夜から、帝国ホテル裏の空き地、つまり全焼して撤去された初代本館があった場所に、決起部隊を平定するための鎮圧部隊が駐留した。そしてホテルの四隅には機関砲が据えつけられた。

昭和一一年の春先は東京がたびたび大雪にみまわれた。二月二三日に東京中心部でも積雪三六センチを記録し、その雪がようやく解けてきた二六日当日の朝八時ごろからまた雪が降りはじめた。このとき深夜から行動した決起部隊は蔵相、内大臣などの襲撃をすべて終えていて、制圧した政府庁舎や各屯所に隊を配置し終えていた。三日前の残雪のうえにまた雪が積もり、この日はもっとも多いところで二二センチの積雪量となっていた。そして気温は最高でも〇・三度、最低が氷点下二・二度と、真冬でもあまりないほどの低温だった。

鎮圧部隊は、そんな厳寒のなかでの野営である。ホテルは軍部に頼まれて兵隊たちに炊き出しをするわけだが、当時の料理長である石渡文治郎は急遽、調理部員たちに大鍋を集めてカレーをつくれと命じた。野営の炊き出しだからテーブルなどは使えない。そしてとにかく寒い。カレーライスであれば皿一つで食事は完結するし、スパイスをふんだんに使っているので手足の先まで温まる。一挙両得だった。

明治期から徐々に日本の食文化に根づいていったカレーだが、昭和初期にはまだ、いまのような日常食ではなかった。この炊き出しのカレーライスの味が忘れられなかった軍人たちは、郷里に帰っていくと地元の料理店にそれをつくらせて、カレーライスは一気に人気絶大の国民食になっていった。

帝国ホテルが鎮圧部隊の野営拠点だったとすれば、決起部隊の重要拠点となったのは山王ホテルだった。

現在の千代田区永田町、超高層の山王パークタワーが建つ場所にあったのが同ホテルで、当時としては帝国ホテルに次ぐほどの高級ホテルである。地下にはアイススケート場も併設するモダンな施設だった。最初に陸軍大臣官邸を包囲した丹生誠忠《にゅうまさただ》中尉が率いる隊は、二七日夜になってこの山王ホテルを宿営場所として占拠した。そして二八日夜、決起首謀者の安藤輝三《あんどうてるぞう》大尉率いる隊が近くの料亭・幸楽からこの山王ホテルに合流した。

ほかの隊の兵が武装解除して原隊に帰順していくなかで、この安藤隊だけはあくまで帰順を拒んで交戦に備えた。しかし翌二九日午後三時ごろ、リーダーの安藤が拳銃自殺を図り（失敗して重傷）、事件は幕が引かれることになった。山王ホテルは最後まで反乱部隊の司令部となっていたわけである。このホテルは終戦とともにＧＨＱに接収されたが、戦後もそれが解除、返還されることはなく、やがて駐留アメリカ軍とその家族が利用するホテル施設に生まれ変わった。

血気盛んな青年将校たちが、世のなかの不条理を嘆き怒り、軍政による「昭和維新」を掲げて起こしたクーデターだったが、世間の反応は冷静だった。株式市場、商品取引所、手形交換所などがいっせいに機能停止したために経済は大混乱に陥り、財界は「事態を一刻もはやく収拾しなければ日本経済は大打撃を受ける」と声高に叫んだ。また決起部隊と鎮圧部隊との交戦が予想されたことで皇居南側の広域が通行できなくなり、大規模な交通渋滞が発生した。そのため物流やバス便も滞り、庶民たちはこの事件に眉をひそめた。

戦時下、南方でのホテル経営受託

昭和一六年一二月八日。天皇の詔書「米國及英國ニ對スル宣戰ノ詔書」が発せられて、日本はいよいよ太平洋戦争に突入していく。同日、日本陸軍はマレー作戦を開始し、海軍はハワイ真珠湾を奇襲する。

陸軍による東南アジアへの南進は、ヨーロッパ宗主国から植民地を解放してアジアが一つにまとまるという「大東亜共栄圏」を掲げてのものだったが、やがて各地域で抗日運動も起こり、宗主国で構成する連合国軍との戦いはゆくゆく熾烈をきわめることになる。

当初は作戦も順調だった。マレー半島コタ・バル上陸に端緒を切ったマレー作戦にはじまり、シンガポール、香港、蘭印（インドネシア）、ビルマなどでの各作戦でそれぞれ戦果をあげた。陸軍は各主要都市に進駐して拠点を築く。そして、それらの都市にあった高級ホテルも日本軍の支配下に置かれ、軍上層部や軍属の利用にあてられることになった。終戦とともに日本の主要なホテルがGHQに接収されたが、それと似たような構図といえる。そこでは運営体制も日本人によるものに切り替わることになり、日本の鉄道省国際観光局が日本ホテル協会加盟ホテルを推薦するかたちで、現地での経営・運営を日本企業に委託することになった。

帝国ホテルはバンコクのオリエンタルホテル、シンガポールのグッドウッドパークホテル、ラングーン（ヤンゴン）のストランドホテル、スマトラのブラスタギ高原ホテルなどの経営を受託し、社員を南方に派遣した。もう一軒、ビルマ・モールメインのホテルも受託したが、これは途中で計画が中止された。現在の帝国ホテル社史では、このあたりのことはこれ以上に詳しく書かれていない。戦争のイメージが社史にふさわしくないという判断からか、かなり急ぎ足で通過している。広報活動としての社史だから仕方あるまい。

だが、帝国ホテルはじめ日本の主要ホテル会社が南方展開でどんな役割をはたしていたか、社員たちが現地でどういう苦労をしていたか、それをなぞることには意義がある。ここでもまた犬丸徹三の『ホテルと共に七十年』などを参考にして書き起こすことにする。昭和三九年刊行の同書は、いわゆる自虐的史観からの戦時記述の回避あるいは忌避が定着する以前の著作なので、詳しく南方派遣について回想している。軍政(鉄道省)の要請に応じて従業員を派遣したことに「特筆大書してよかろう」とも記している。それは現地で苦労した社員たちへの労り、ねぎらいでもあっただろう。犬丸は、出征していった社員たちにせっせと激励のハガキを戦地に書き送る温情派の支配人だった。

なかでも昭和一七年四月から帝国ホテルが経営することになったオリエンタルホテルは、ほかの受託ホテルとは格が違った。チャオプラヤー川の岸に位置するオリエンタルホテルは一八八七年に創業した。もとはデンマーク人の船乗りが建てた平屋の十数室しかない小規模ホテルがルーツであり、そのあとおなじデンマーク人のハンス・ニール・アンデルセンによって二階建て、四〇室のコロニアル様式による高級ホテルに建て替えられた。

帝国ホテル経営となったころの所有はタイ王室であり、帝国ホテルが受託する以前はイギリス人実業家の未亡人スミスが王室から賃借して経営していた。タイは日本に口説かれて枢軸国側に加わったので、王室はおなじ陣営の日本の企業にホテル経営を任せることにした。ちなみにチャオプラヤー川の当時の国際的呼称は「メナム川」だった。メナムはタイ語で川を意味する。つまり現地のひとたちが単に「川」と呼んでいたのをヨーロッパの人間が固有名詞だと勘違いし、メナム川と呼ぶようになったのである。

ホテル支配人には、帝国ホテルで支配人を務める杉山万吉《すぎやままんきち》が指名された。当時、犬丸は常務取締役支配人兼務という肩書の経営責任者としての立場で、実質的な運営現場責任者としての支配人は杉山が務めていた。いわば犬丸の懐刀であり、そのキーパーソンを送りだすというのだから、いかにこのオリエンタルホテルの経営受託が帝国ホテルにとって重要案件だったかがわかる。

副支配人には京都ホテル接客主任の須賀宣治、会計主任には帝国ホテル会計係の近藤清、接客主任に神戸オリエンタルホテル接客主任の関谷敏夫が派遣された。またのちに接客係として帝国ホテル接客係の若林寛が加わった。京都ホテルも神戸オリエンタルホテルも開業の時代から、帝国ホテルから多くの重役や社員が派遣されていた。そうした派遣の社員が集められたのだった。

そして料理長には帝国ホテル料理部の田中徳三郎が派遣された。前章の内海藤太郎料理長の項で引いた『西洋料理六十年』の著者の田中である。田中は「一年くらいなら駐在してもかまわない」と会社にいい、それが認められての期限内派遣となった。同書のなかで彼は、バンコクやビルマの現地事情についてもいろいろと書き記している。

それによると派遣員一行は、広島の宇品から病院船に乗り、佐世保を経由して台湾・高雄で船を乗り換えた。さらに香港に寄港してからサイゴンに上陸。プノンペンまで軍用トラックで陸路をたどり、そこからバンコク行きの列車に乗った。戦時における民間人の渡航手段としてはあたりまえだったのだろうが、現代の人間ならうんざりするような複雑な行程である。

オリエンタルホテルに到着すると、前経営者のスミス未亡人から家具什器いっさいと経営権を合計二〇万バーツ（昭和一七年当時の邦貨換算で約二〇万円）で譲り受けた。犬丸によれば、これはかなりの好条件だったらしいが、駐タイ日本大使館の武官や鉄道省バンコク事務所所長がまえもって交渉をおこなっていたという。

田中の在任中にチャオプラヤー川の氾濫があった。川の水はレストランにどんどん入りこんで、二〇センチほどのたくさんの魚がホールを泳ぎまわるのだった。水がすっかり引くまでに一カ月ほどかかり、小舟を使わなければ街区のどこにも行けないという状況がつづいた。水が引くと、ホテル敷地内には毒蛇やニシキへビが何匹もいた、と田中は著書に書いている。

オリエンタルホテル（現マンダリンオリエンタルバンコク）は、創業期から世界的な人気を誇るラグジュアリーホテルでありつづけている。サマセット・モーム、ジョゼフ・コンラッド、ノエル・カワード、ジェームズ・ミッチェナーといった名だたる小説家や劇作家が常宿としたホテルで、少しまえまではそれら作家の名を冠した各スイートがあったが、残念ながらリノベーションによっていまでは様変わりしている。

タイのシルク王として知られる元アメリカ軍人のジム・トンプソンは、大戦終結後にこのホテルの共同経営者となった。帝国ホテルが撤退してからはアメリカ空軍の兵員用宿舎となっていて、従業員数も少なく館内も荒れた状態となっていたので、トンプソンは、女流写真家であるジェルメーヌ・クルルをはじめ、タイ国王子、タイ国軍将軍など六人を共同出資者とする会社を設立して、ホテル施設の改修および拡張計画を立てた。

トンプソンとともに共同経営者となったジェルメーヌ・クルルは、現在のポーランド（当時はプロイセン王国領）に生まれた。両親とともにフランス、イタリア、スイスなど各国を転々とする生活を送ったが、やがて写真に興味を持つようになり、ミュンヘンの写真研究所に入って本格的に勉強をはじめた。ミュンヘンではスタジオを構え、詩人リルケや哲学者のホルクハイマーらと交流して独自の写真観を構築した。機械、鉄橋、鉄塔などの造形美を抽象的に切りとった作品集『メタル』は高く評価され、占領ドイツ軍からの解放後のようすを撮った『パリ解放』も注目を集めた。アフリカや東南アジアを放浪したのちにバンコクに生活の根を下ろしていた。

　ホテルの拡張計画を立てたころ、トンプソンはまだアメリカ軍に籍を置いていたが、そののち除隊してタイに生活の根をおろすことになる。それからタイシルクの販売で巨万の富を築いたトンプソンだったが、一九六七年三月、マレーシア中部山岳地帯のカメロン高原にある友人の別荘から、忽然と姿を消した。マレーシア軍や警察など数百人を動員した大規模な捜索活動が展開されたものの、彼の生きた姿も遺体もついに発見されることはなく、謎の失踪事件として国際的な注目を集めることとなった。

　帝国ホテルは、昭和一七年九月にはビルマ国ラングーンのザ・ストランドホテルの経営を受託する。同ホテルは、シンガポールのラッフルズホテル、ペナン島ジョージタウンのイースタン&オリエンタルホテルの生みの親でもあるサーキーズ兄弟によって一九〇一年に建てられた。ペルシャ・イスファハン生まれのアルメニア人であるサーキーズ兄弟は、イギリス、フランス、オランダなどが植民地政策をつづける東南アジアで高級ホテルの需要が成長すると読み、つぎつぎと各地にホテルを建てていった。インドネシア・スラバヤに一九一〇年開業したホテルマジャパヒもその一つだ。

　ビルマは、占拠した日本陸軍の指導でイギリス植民地支配からの独立を果たし、ビルマ連邦を名乗った。ザ・ストランドホテルも「大和旅館」と改称して帝国ホテルが経営にあたった。帝国ホテル顧客係の田中貞次郎が支配人として派遣された。同年一二月、オリエンタルホテルに会計主任として派遣されていた近藤清と、料理長の田中徳三郎の二人が開業支援のためバンコクからラングーンに出張した。

田中徳三郎によると、小型貨物船に資材、備品などを積んでバンコクをでた二人は、シンガポールに到着してつぎの船便を待ったが、なかなか手配できず一カ月ほども足止めを食らった。ようやくラングーンに到着したが、宿舎に入ったその夜にインドのカルカッタから飛来した敵機（イギリス軍）による爆撃があった。また現地ではペストとコレラが流行していて、絶対に外食はしないようにと軍部から忠告された。

昭和一八年夏には、ビルマのモールメイン（マルタバン湾の最大港湾都市）でホテルの経営を受託することになって、帝国ホテルは接客係の舘田重臣と高橋伝治郎、宴会係の石原達一の三人を派遣した。ところが一行が到着すると、施設の接収計画はすでに頓挫していて、どうにもならない状況だった。帝国ホテルは仕方なく撤収することを決め、舘田をスマトラに、高橋をラングーンの大和旅館に、石原は大和旅館とオリエンタルホテルの両方に、それぞれ転属させることにした。

一九年一月にはシンガポールのグッドウッドパークホテルの経営を受託した。これは現在も人気の高級コロニアルホテルとして運営をつづけるホテルだが、日本陸軍によるシンガポール陥落からは「海軍水交社」の名称で帝国ホテルが経営を受託することになった。水交社は明治九年に創設された海軍省の親睦外郭団体で、つまりシンガポールのこのホテル施設は「日本海軍将校のための親睦施設」という位置づけだった。上高地帝国ホテル支配人の古田直弥が支配人に、帝国ホテル接客係の中島美臣が接客主任に指名された。

同年一一月には蘭印スマトラ・ブラスタギのグランドホテルを「ブラスタギ高原ホテル」の名称で経営受託。帝国ホテル副支配人の高田賢が支配人に、同倉庫係の小幡忠臣が会計主任に指名された。

バンコク、ラングーン、シンガポール、スマトラ。これら南方の各地で経営受託し、社員を派遣したホテルはいずれも、昭和一七年から一九年にかけての運営である。一七年の春までは華々しい戦果をあげていた日本陸海軍だったが、六月になって突入したミッドウエー海戦で日本海軍は空母四隻とその艦載機二九〇機を喪失して一気に形勢不利となった。さらに陸軍も北東インドのインパール攻略で多くの兵を失い、敗戦へと転落していくことになる。だから帝国ホテルによる経営受託期間もわずか一～二年のことだった。

そういう奈落の底での南方のホテル経営では、派遣社員に犠牲者もでた。一八年末には、アメリカ軍のホテル施設への空爆によって、オリエンタルホテル接客主任となっていた関谷敏夫が爆死する不幸があった。大和旅館支配人の田中貞次郎はラングーンで召集され、終戦直前に戦死した。またオリエンタルホテル副支配人の須賀宣治（京都ホテル所属）は派遣中に肺病にかかり、途中で帰国して長野で療養生活をつづけたが、三五歳の若さで没した。

村上信夫の出征

第一一代料理長で、帝国ホテル本館が三代目になってからは取締役料理長、のちに専務取締役料理長となって一時代を築いたのが村上信夫である。昭和三九年開催の東京オリンピックでは選手村の副料理長（兼富士食堂料理長）も務めて有名になった。九〇年代になると帝国ホテル初の「総料理長」の肩書を持つにいたった。

東京五輪選手村で副料理長を務めた村上信夫（前列左から２人目）

その村上は、帝国ホテル調理部の若手だった二一歳のときに召集され、陸軍に入隊した。昭和一七年一月のことである。バンコク・オリエンタルホテルの経営を帝国ホテルが開始したのと同時期だった。

村上の自叙伝でもある『帝国ホテル 厨房物語』には「戦場のカレーライス」という章がある。一編の小説となりそうな、なんとも文学的なタイトルである。その章に、村上信夫という不世出の西洋料理人の魂を垣間みることができる。

出征にあたっては、死んだら両親の墓に入れてほしい、と書いた遺書に切った自分の髪と爪を添えて親戚に託した。それから入隊の列車に乗った。料理人の場合、海軍に入って賄いへの配属を希望する者が多いのだが、愛国心の強い村上はそうせず、陸軍に入って最前線で闘うことを最初から希望したという。

最初に配属されたのは、中国山東省の長清《ちょうせい》というところに駐留していた中隊だった。そこで小銃や軽機関銃の訓練を受けるのだが、いずれも弾が的にまったく当たらず、たびたび上官の鉄拳を食らった。のちに、それは乱視のせいであることが判明する。しかし歩兵砲（両車輪のある小型砲）の照準手にまわされると途端に成績がよくなる。照準器が備えられていて乱視でも標的がよくみえるうえ、両手でいろんな装置をすばやく操作する動きが調理作業につうじるところがあり、めきめきと腕をあげたのだった。

前線にでると激戦の連続だった。歩兵砲の前面には鉄製の装甲板がついているが、そこに銃弾が弾ける音が止まず、ひしと身を縮めるしかない。当たって砕けた銃弾の破片が顔や背中に刺さる。照準器を覗くあいだにも狙撃されるかもしれないという恐怖と闘いながら、必死にねらいを合わせて砲を撃ちつづける。そういう激しい連戦の現場に村上は投入されたのだった。
渤海《ぼっかい》地方での一戦では、敵陣を馬蹄形にとり囲んで、翌早朝に総攻撃という態勢を隊は整えた。激戦が予想される戦いだった。その日の夕方、上官から「激戦となるから、みんなになにかうまいものを」と炊事を命じられた村上は、兵たちになにが食べたいかを聞いてまわる。すると、多くの者がカレーを希望した。偶然に先輩兵がカレー粉の包みを持っていたので、それを譲ってもらい、なんとか調達してきた鶏五、六羽とニンジン、長ネギを南京豆油で炒めて調理した。

もちろん最前線陣営でのことで満足な調理器具などあるわけもない。しかし天才料理人はどんなに困難な状況にあっても材料さえそろえば、それなりに本格的な料理をこしらえてしまう。腹を空かせた兵たちが固唾を呑んでみまもるなか、鍋の蓋をとると、あたりにスパイスの芳香が拡散した。

一瞬、「まずいかな」という考えが頭をよぎったが、なにしろ空腹には勝てない。みんなの飯ごうで飯を炊き、「さあ、食うぞ」というところへ、本隊から部隊長代理の草野という少佐が馬でやってきて、「カレーなんか作りやがったのは誰だ！」と軍刀を抜きながら、大声で怒鳴った。

「自分であります」。私はすぐに立ち上がって、直立不動の姿勢を取った。「貴様か」。馬を下りた草野少佐が抜刀したまま近づいてくる。まずい、斬られる。一巻の終わりを覚悟して目をつぶった。だが、少佐は耳元で「おれにも食わせろ」とささやき、少し離れた所で「この次にこんなことをしたら死刑だ！」と叫んで、馬にまたがり戻っていった。この少佐にはその夜、そっとカレーを差し入れておいた。

——『帝国ホテル 厨房物語』より

まるで映画のような場面である。中佐としては、カレーの炊さんを激戦直前のわずかな楽しみと理解していたものの、作戦に影響するかもしれないことを見逃せなかったのだ、と村上は著作のなかでおもんぱかっている。

明け方になって偵察の兵が敵陣を窺うと、そこはもぬけの殻だった。どうやらカレーの匂いから日本軍の「余裕」を感じとった敵隊が、これは勝ち目がないと悟って夜間にひっそりと撤退したものらしかった。それは激戦の最前線陣営で演じられた、極限状況でのおかしげな一幕だった。

カレーライスは、村上がもっとも敬愛する石渡文治郎が二・二六事件のとき、ホテル敷地内で野営する鎮圧部隊に炊き出しで提供したメニューである。それ以来、カレー料理は帝国ホテルの伝統となり、炊き出しで口にした兵隊たちがそのおいしさを全国に伝えて国民食となっていった。村上は事件のとき、まだ帝国ホテルには入社しておらず、浅草・新仲見世通りのブラジルコーヒーというレストランで汗と脂にまみれて働いていた。一世を風靡したエノケンや古川ロッパが六区で活躍していた時代で、彼らも村上が働いていたその店によく通ったらしい。

村上はそれから新橋の第一ホテルに移り、さらに有楽町のレストラン・リッツで働いた。そしてそのリッツが経営不振によって帝国ホテルの傘下に入ったことで、夢にまでみた帝国ホテルの調理場に見習いとして入ることができた。一九歳のときである。

最愛の師である石渡が、大戦の端緒の時代につくりだしたカレーを、その弟子である村上が中国戦線で再現して兵隊たちに感動を与える。二・二六事件の鎮圧部隊の兵たちを、そして日中激戦の舞台で闘った兵たちを奮い立たせたカレーは、帝国ホテルにとってつづく因縁深い料理アイテムなのだ。

村上信夫は平成一七年（二〇〇五）八月二日、千葉県松戸市の自宅で亡くなった。八四歳だった。平成八年に専務取締役総料理長の座を退くとき、地元の松戸あたりで小さなフランス料理店を開く計画を温めていた。しかし帝国ホテルから顧問就任を切望され、開店を断念して後進の指導に専心するなかでの逝去だった。

ホテル業界専門誌の編集者、ホテル関係のフリーライターをしていた筆者は、その専務取締役から顧問の期間で、何度か氏にお目にかかる機会があった。ときに調理部門の取材で、ときに報道関係者懇親会の会場で。いつでもにこやかな表情を浮かべていて、料理人にありがちな気難しさなどみじんもなかった（たぶん調理の現場ではちがったのだろうが）。懇親会の立食会場で、自らブッフェ台のむこうに立ってにこやかに料理をとり分ける氏の姿が、いまでも鮮明に記憶に残っている。

会社としては当然、そこまでする必要はないと説得していたはずだが、きっと進んで「現場」にでるようにしていたのだと思う。一時代を築いた巨匠に恐縮、低頭して一皿をお願いすると、「どうぞ召しあがってください」とほがらかな笑顔が返ってくるのだった。思えば、村上ほどテレビの料理番組や雑誌、料理書籍などへの露出機会が多い料理人もめずらしかった。それも社会還元、会社への貢献だと考えていたのだ。

接収で支配人が米軍人に

戦況は著しく悪化し、東京の空にもアメリカ空軍の爆撃機が大挙してやってくるようになった。昭和二〇年三月九日の大空襲につづいて、五月二四日から翌未明にかけてふたたび大空襲があった。

この日、帝国ホテルの本館中央部から南翼客室棟にかけてのエリアに焼夷弾が多数落ちた。焼失面積は全一万坪余のうちの約五六〇〇坪で、演芸場が壊滅的な被害を受け、大宴会場（孔雀の間）も大破した。

それからまもなく日本は敗れた。降伏した日本は連合国が統治し、ＧＨＱの管理下に置かれることになった。戦艦ミズーリ艦上での降伏調印翌日の二〇年九月三日、ＧＨＱは日本政府に調達業務に関する占領軍の基本方針が示す「指令第二号」を発出する。そのなかには将官や士官用、兵隊用の宿舎の手当てが要求されていた。条件はつぎのようなものだった。

a　将官用＝少なくとも一五〇名を下らざる将官用として適当なる設備および家具付きのホテルもしくはアパートメント
b　士官用＝五二五〇名を下らざる士官用（うち三五〇名は女子士官）のホテルまたはそれに相当する宿舎
c　兵隊用＝二万二〇〇〇名を下らざる志願兵用としての兵舎もしくはそれに相当する宿舎（ただし、一兵につき六〇〇平方フィート＝約五六平方メートルを必要とす

る）、一二五〇名の女子志願兵の分をも含む

この内容に沿ってホテルなどが接収されていった。それに先立って、神奈川県内のホテルニューグランド、逗子なぎさホテル、鎌倉海浜ホテルが八月末には接収されていた。逗子と鎌倉は保養施設としての接収だった。GHQが東京へ進駐したのは九月八日。この日に接収されたのは、将官および幹部用の帝国ホテルと士官用の第一ホテルだった。昭和一三年に開業した新橋の第一ホテルは、日本人の出張旅行者むけに開発された、いってみればビジネスホテルの元祖のような存在だった。それでいて当時としては東洋最大の六二六室を擁し、日本で初の全館冷暖房システムを採用していたから、まさに士官用の宿舎としては理想的だった。つづいて丸の内ホテルがイギリス軍むけに接収された。

このあと東京では二・二六事件の舞台となった山王ホテル、山の上ホテルがその列に加えられた。ホテルと旅館を含め、接収された建造物は全国で一〇〇軒を超えた。もちろん、GHQの活動に協力する一部の人間を除いて、接収された建物に日本人はいっさい出入りできなかった。

九月八日当日。連合軍最高司令長官のダグラス・マッカーサーは赤坂のアメリカ大使館

で進駐式典に臨んだあと、帝国ホテルでの昼食会に出席した。

　予定よりかなりはやく到着したマッカーサーは、英語が堪能な犬丸徹三常務の案内でホテル館内を検分し、さらに自動車の後部座席の隣に犬丸を座らせて、約四〇分のあいだ東京の中心部をみてまわった。どこをどういう経路でまわるか、その判断は犬丸に一任された。日比谷通りにでて最初に彼が指で示したのは、おなじ大通りに面して建つ第一生命保険会社本社ビルだった。

「空襲をまぬかれた建築のうちで、もっともすぐれたものの一つだ」

　犬丸はそう英語で説明した。日本の建築技術力を誇る意味でのガイドだったのだろうが、それがマッカーサーの琴線に強く触れた。どっしりとして優美なこのビルが連合国軍の総司令部に指定されたのは、それからわずか数時間後だった。ホテルニューグランド、銀座・和光、東京国立博物館を手がけた近代建築の大御所、渡邊仁《わたなべじん》によって昭和一三年に竣工したこのビルは「日本の建築科学を総動員した新興建築」と当時謳われた。

　それから皇居まえの東京商工会議所、明治生命保険本社、日本橋の三越、三井本館、本郷の東大、廃墟と化した永田町の各大臣官邸、霞が関、虎ノ門の官庁街を経由してホテルにもどった。

接収の形態は、ホテルに宿舎としての業務を委託する「請負制」と、直接に駐留軍の組織下に置く「軍直属」にわかれた。アメリカ軍将官用の宿舎である帝国ホテルは前者だった。この場合、会社や運営組織はそのまま継続となるが、現場の最高責任者であるマネージャー（支配人）については中尉クラスのアメリカ軍人が着任し、レストラン、客室など各部門には軍曹クラスが監督役として就任、五～六人の兵士がその下に指示役として配属されるという形態だった。つまり運営業務はアメリカ軍人がすべて仕切るわけで、日本人従業員はその命令に従って動く駒にすぎなかった。

GHQは、財閥の強大な財力が日本の軍国主義を支えてきたと考えていたので、終戦の翌年からさっそく財閥解体を進めた。大倉喜七郎の大倉財閥もまた昭和二一年一二月七日の第二次指定によって対象となり、大倉は関係するいっさいの会社役職から退くことになった。そのため、二五年間にわたって会長の座にあった帝国ホテルも去ることになった。

代わって、取締役の高杉晋を会長、常務取締役の犬丸徹三を社長とする新体制に移行した。高杉は、大倉喜八郎が明治三九年に主導した三社合併による大日本麦酒の設立に参画し、その専務の座にあったとき、大倉の依頼で帝国ホテル取締役に就任していた。いわば大倉喜八郎シンパであり、したがってその会長就任は、財閥解体の憂き目に遭った大倉家の意思を継ぐ人事ともいえた。ただ、六年半におよんだGHQによる接収期間中は高杉、犬丸の両人とも経営、運営上で口出しをすることはできず、傀儡《かいらい》にすぎなかった。

マネージャーは最初、陸軍中尉のスカンカスがなったが、二〇年一一月からはJ・M・モーリス中尉に代わった。スカンカスは日本人従業員のうけもよかったが、モーリスはとにかく厳格で、ホテル運営の現場にも厳しい軍律を持ちこんで日本人従業員に恐れられた。彼は就任翌年の一二月に軍を退役して、本来なら帰国するかほかの仕事に移るはずだったが、そのまま軍属としてマネージャーの地位にとどまり、結局は接収が解除されるまでホテル内で強権をふるった。

そんな強面の軍人軍属だったが、筆まめでもあったようで、モーリスは帝国ホテルのマネージャー時代を回顧する本をまとめていて、それは訳書『帝国ホテル』として日本でも出版されている。「ロマンス・ニッポン」「すばらしきパーティー」「プランはみんなよいのだが」「適材不適所」「孔雀の間」「さらばニツポン」といったような章タイトルがならぶ無邪気な回想録なのだが、これも接収した側、された側の立場の落差を如実に示す〝史料〟といえるだろう。

ズタズタにされたライトの意匠

そんな過酷な接収の期間に、ホテルに駐留したアメリカ軍はとんでもない行動にでる。フランク・ロイド・ライトが心血を注いで設計デザインした空間意匠を、かたっぱしから変更していったのだ。

もはやそこはホテルではなく「将官用宿舎」なのだから、ある程度は自分たちの意に添うように変えるのは仕方のないことなのだが、装飾レンガとの組み合わせが緻密に計算されていた大谷石の内装などは、表面に白ペンキがどんどん塗られて、幻想的な雰囲気が台無しになってしまった。ヤンキー気質の軍人たちの目には、大谷石の色調がきっと墓石のように映ってしまい、こんな合言葉が叫ばれることになったのだろう。

「もっと明るい雰囲気にしようではないか」

その結果、荘厳な雰囲気を持っていた大宴会場につづくプロムナードなどは、真っ白な明るい空間に変容してしまった。また大空襲によって大きな被害を受けていた大宴会場・孔雀の間も接収期間に大修理が施されたが、これもまたもとの荘厳な設計デザインは完全に無視され、天井一面を白に塗り替えるという〝暴挙〟が現出した。

改修後の姿は、帝国ホテル社史に写真が大きく掲載されているのだが、それはやはり、場当たり的におこなわれた、じつに安っぽい「改悪」としか表現のしようがない。さらには、空間設計との相乗効果を高度に追求してデザイン、特注生産された家具類も撤去されて、アメリカ人の体格に合わせた大型の普及品がつぎつぎと運びこまれた。

フランク・ロイド・ライトは新館完成を目前に帰国してしまい、それから日本の土を踏むことはついぞなかったわけだが、もしこの状況を直接目にしたならば、どんな気持ちになっただろうか。

「なんていうことをしてくれたんだ!」

きっと顔面蒼白になって、そう毒づいただろう。帝国ホテル側の強い要望から、エントランスからメインロビーの部分(つまり明治村に移築された部分)はなんとかもとの姿を保持できたが、それ以外の多くの部分でこのように無残な改修がおこなわれていったのだった。日本の軍部も大戦の初期で東南アジアに進出し、現地の主要ホテルを接収していった。そこでもやはり日本人として利用しやすいかたちに内装を改め、日本式のサービスを導入するといったことをおこなっていた。

たとえば、現在も名門ホテルでありつづけるシンガポールのラッフルズホテル。ここは昭和一七年(一九四二)二月一五日のシンガポール陥落から日本軍が接収し、将校用宿泊施設としていた。名称も「昭南《しょうなん》旅館」(陥落によってシンガポールの地名が昭南に改名された)と改められ、女性従業員の制服が和服となったほか、ボールルームで専属バンドが演奏する曲目も軍歌や演歌になった。ホテルが保管していたイギリスの有名作家たちの愛用品やサイン類も日本軍の手で廃棄されたという。それでも、アメリカ軍が日本の各接収ホテルでやらかした数々の悪行にくらべれば、まだかわいいものだった。

帝国ホテルのレストランで使う食材もアメリカ軍が認定し、支給するものだけを使うことになっていて、当初はすべて輸入されたものだった。そもそも戦中から食糧不足がはなはだしく、国内では満足に調達できなかったし、日本の野菜は屎尿《しにょう》を肥料としていることからアメリカ軍は使用禁止としていた。玉ネギなどは、最初のころは本国から送られた乾燥品を使っていたらしい。アメリカ軍は、当時からすでに食事などの衛生管理に関してかなり厳格だったのである。

大倉喜七郎の会長退任にともなう組織一新で、常務取締役から新社長に昇格した犬丸徹三は、接収という特異な状況下でトップとして采配をふるうことになった。しかしアメリカ軍の支配下、あらゆることが彼の頭越しに決まっていき、さらには、会社存続の危機を乗り越えてようやく完成したライト館の空間意匠が、無残にもどんどん改変されていく。忸怩たる思いを抱きつづける毎日だった。

ただ、犬丸の『ホテルと共に七十年』はそうしたことへの不満や辛苦についてほとんど書き残していない。日本を代表するホテル経営者としての矜持があったからだろうし、敗戦、接収という運命を受け入れてこそ、新しい時代を迎えることができると意を決していたのだろう。

「この接収が単にわれわれをして萎縮せしめる結果を招いたのみであるとは、軽々に断言することができない」

むしろそうポジティブに記して、日本のホテル業界は占領・接収から多くの教示をえることができた、と断言している。その最大の効果は、帝国ホテル三〇〇人の全従業員たちがアメリカの将官たちに毎日接したことだという。いってみればそれは、六年半にわたった接収のあいだ、外国のホテルに研修、留学したのとおなじことだというのである。さらには、アメリカ軍の衛生思想に詳しく触れたこともたいへんな収穫だった。犬丸は同書にこう書いている。

帝国ホテル本館の料理場を私の設計によって完成した大正末期当時、私は欧米からの宿泊客に向かって、しきりに、これを誇示したのであるが、一旦、進駐軍の接収下に入ってみると、日本のホテルにおける料理場の衛生標準が米国のそれより、はるかに低度であることを身を以て知った。

キッチンの調理台の継ぎ目に溜まる汚れ、ストーブの錆はしょっちゅう点検し、汚れがあればただちに清掃する。缶詰などは、開けたらただちに内容物をガラス器に移してパラフィン紙で覆う。缶に入ったまま放置したりすればたちどころに上司から叱責をくらう。魚を冷凍する場合も、骨や皮をすっかり除去したフィレの状態にして保管する。そうすることで衛生的であり、軽量化されて保管や運搬面でも便利である――。そういう現場作業を犬丸は仔細に目にする。

私は米軍の食糧運搬及び貯蔵の方法を実際に目撃して、魚類肉類の保安ただ一つにしても、日本は米国に比して劣るところがあり、戦争に敗北する要素の一つが、またここにも存在したことに思い当たった。ホテルの従業員は、かかる衛生と清潔の思想を、身を以て教えこまれたのである。

かたや、そうした厳格な衛生思想にもとづいた調理方法でつくられ、デザートまでついて兵士たちに提供されたシステマチックな糧食。かたや、道端の草を摘み、ヘビやカエルをつかまえて飢餓から逃れるしかなかった戦争末期の日本兵たちの食事情。精神論だけではどうにもならない物量と体系の差がそこには歴然とあって、日本が戦争に敗けるのもあたりまえだった。こうした軍組織の大量調理におけるクレンリネス（衛生管理）思想はやがて、大型レストランチェーンやケータリング企業の調理現場にも生かされ、日本でも一九七〇年代から成長軌道に乗りはじめたファミリーレストランやファストフードのチェーンで導入が進んでいった。

第六章

近代の終焉、ライト館の解体

接収解除そして戦後復興

敗戦のショックもだいぶ薄らいだ昭和二七年（一九五二）四月一日。駐留軍によって天井が白く塗られ、もとの面影をとどめない帝国ホテル大宴会場・孔雀の間で、接収解除と自由営業再開を祝うパーティーが開催された。会場やロビーには満開の桜の木が運びこまれ、たくさんの提灯が灯された。ひさしぶりに日本らしい光景がホテルにもどった。

ホテルや旅館の接収解除は、同年四月二八日の対日講和条約発効までに順次おこなわれていったが、新橋の第一ホテルや名古屋観光ホテルは例外的に接収がつづき、その期間は一〇年におよんだ。第一ホテルなどは、既述したようにこの当時としては異例の超大型、全館冷暖房完備だったから、駐留軍にとっても使い勝手がたいへんよかったのだろう。

GHQ接収解除直後のロビー。自主営業再開を祝う提灯や行燈が飾られている

三月一五日を期限として、帝国ホテルに滞在していた軍将官たちは、そのままアメリカ軍むけの施設となっていく山王ホテルなどに移っていった。翌一六日からは営業再開にむけた作業が徹夜つづきでおこなわれる。まず、連合軍が持ちこんでいた家具調度品が搬出され、保管してあったオリジナルのものと入れ替えられた。フランク・ロイド・ライトが精魂こめてデザインした家具類や、ライト館開業時から使われていた年代ものの絨毯も再登場した。

営業再開とともに、GHQによる接収とは関係のないあるものも帝国ホテルに里帰りした。それは五〇〇個余の銅鍋だった。

この銅鍋の〝疎開〟がおこなわれたのは、日本が米英両国に宣戦布告（一二月）した昭和一六年のはじめごろだった。この年の八月には開戦準備のための「金属類回収令」の勅令がだされ、大仏像、城跡の騎馬像、人物の銅像、寺院の鐘などがつぎつぎと対象になっていった。そういう状況を事前に予測した料理長の石渡文治郎は、部下たちにひそかに銅鍋の隠匿を命じる。

「いったん供出してしまえば絶対にもどってはこない。ここはなんとしても鍋を守る」

包丁などとともに料理人の命ともいえる鍋である。会社創立者の胸像などとはわけがちがう。隠匿先は、村上信夫が帝国ホテルに入る以前に籍を置き、やがて帝国ホテルの傘下に入った有楽町のレストラン・リッツだった。その地下二階の倉庫に隠密裏に運びこむことになって、応召まえの村上信夫も運搬隊に加わった。複数の大八車に鍋を積み、菰で覆って運ぶのだが、裏通りをいけばかえって怪しまれると、堂々と内堀通りを進んだ。丸の内警察署のまえを通過しなければならないのだが、村上は「幸いにして、見とがめられることはなかったが、緊張で冷や汗が出る疎開劇だった」と『帝国ホテル 厨房物語』で回想している。

だが、戦争に駆りだされて生死の境をさまよい、シベリア抑留のはてに帰還した村上ほかの料理人たちは、リッツに鍋を隠匿したことなどすっかり忘れてしまっていた。運搬作業に加わった若い調理部員たちには戦死した者もいたので、なおさら記憶が途絶えることになってしまった。

接収が解除されて営業再開となったものの、厨房の調理器具は不足していて、とくに鍋やフライパンは数がまったく足りなかった。そんなときベテランコックの一人がふと「そういえば赤鍋（銅鍋のこと）をどこかに隠していなかったか」と口にする。村上ははっとした。リッツに苦労して鍋を運びこんだことが脳裡にフラッシュバックした。調理部員たちは、あわててリッツの地下倉庫に走った。戦火をまぬかれた薄暗い部屋には、大量の銅鍋が埃をかぶって置かれたままになっていた。料理人たちの表情が輝いた。

営業が再開されると、帝国ホテルの客室はすぐに満室となった。そのときを待っていた海外のビジネス客や国内の富裕層などが押し寄せたのだ。東京の主要ホテルはたいがい接収されていたので、そのあいだ彼らは小規模なホテルや駅前旅館に宿泊するしかなかった。戦後復興は急速に進んでいた。昭和二五年からはじまった朝鮮戦争で、アメリカ軍は半島に近い日本を物資調達拠点とし、それが特需となって産業界が一気に息を吹き返した。

そういう背景から、客室の稼働率はずっと高いレベルがつづき、営業再開の翌年にはもうキャパシティ不足が顕在化した。戦後の帝国ホテルを背負う社長・犬丸徹三は、ここで一気に本館であるライト館の客室不足を補うための新館建設を決意する。それを後押ししたのは、接収解除のまえに直接聞かされた、東京海上火災保険社長・田中徳次郎《たなかとくじろう》の〝ぼやき〟だった。

「ICC（国際商業会議所）が昭和三〇年に総会を東京で開催するように勧めているのだが、宿泊施設が不足しているので日本委員会が承諾をためらっている」

第一次世界大戦後の世界産業復興のためアメリカで開催された会議、それを発端に設立され、第二次大戦後の一九四六年に国連のA級諮問機関となったのがICCである。その総会を敗戦国の東京で開催するというのだから、これは戦後復興を世界にアピールし、国際観光や日本への業務渡航を促進するまたとない機会となる。その田中の言葉を聞いたときから犬丸は、客室増設のタイミングを計っていた。

第一・第二新館の建設で巨大ホテルに

二八年八月、帝国ホテルは七億円の建設資金を賄うための増資をおこない、翌月にはさっそく新館建設工事が着工した。場所は本館（ライト館）の裏手、かつて初代本館が建っていた位置である。そして翌二九年一二月に新館は開業した。ロサンゼルスのスタットラーホテルに倣ったというすっきりした外観デザインは、芸術的で重厚なライト館とは好対照をなすものだった。また客室も、家具やデザインが過剰で犬丸が「まことに狭隘で窮屈」と評したライト館とちがって、非常にすっきりしたモダンデザインとなった。ライトが日本にやってきてこの建物を目にしたならば、きっとこう嘆いただろう。

「またアメリカのつまらない物真似をして、じつに情けない」

ライトは、伝え聞く日本の現代建築事情に対して、林愛作や弟子の遠藤新に書き送る手紙のなかでたびたび「物真似」あるいは「猿真似」という言葉を使って批判をしている。

鉄筋鉄骨（SRC）造の地上七階・地下二階建てで、客室数は一七八室。本館二五八室にこれが加わり、帝国ホテルの総客室数は四三六室となった。本館はもともと二七〇室あったが、空襲被害で南棟客室の一部が破壊されて減じたままだった。増資だけでは建設資金が足りなかったので開発銀行から三億円の融資を受けたが、その条件は「客室に特化して、飲食や宴会などの施設を設けないこと」だったので、一階のホールとラウンジ以外はすべて客室にあてられた。東京中心部ではもう、広い敷地に低層の商業建築を建てることを許さない時代になっていた。

そうして三〇年五月一五日から、世界四五カ国より一五〇〇人が参加して第一五回ICC総会が帝国ホテルや丸の内で開催された。このときのICC日本国内委員会の会長は、この二年前に設立された国際電信電話の社長を務める渋沢敬三だった。帝国ホテル生みの親の孫が、戦後初の大型国際会議を東京で開催し、帝国ホテルの戦後再出発に華を添える。なかなかおもしろい運命の糸である。

三〇年はまた神武景気にわいた年である。WTOの前身であるGATT(関税及び貿易に関する一般協定)にも正式加入し、国際貿易の舞台で日本が輸出を伸ばす一方、先進国の産品や文化が急流入しはじめた年でもあった。敗戦コンプレックスはそろそろ過去のものとなろうとしていた。三三年には東京タワーが完成して世間の耳目を集め、翌年には東京オリンピック開催が正式決定した。池田勇人内閣は国民所得倍増計画を打ちだし、初の国産旅客機であるYS-11が日本の空を雄飛した。

こうして戦後世界経済の舞台に日本がもどっていくと、帝国ホテルをとりまく環境は急に慌ただしくなった。宿泊客は年々増え、新館建設だけでは需要に追いつかなくなって、すぐに第二新館の建設が開始された。三三年には訪日外国人旅客数が一〇万人弱にまで増え、所得が拡大したことで国内旅行も活発化した。

三一年七月の取締役会で建設が決まった第二新館は、第一新館の南隣りの自社所有地に地上一〇階・地下五階建てで設け、客室数は四五〇室と決まった。それまでのライト館と第一新館を合わせた四三六室を、それ一棟で上回る客室規模ということである。これで帝国ホテルの総客室数は八八六室ということになり、一気に世界的な大型ホテルの仲間入りをはたすことになる。建設費は二七億円で、敷地の制約上、建物は雁行型で設計されたが、延べ坪数一万一四五〇坪の大型建築となった。

建築や客室の規模もさることながら、画期的だったのは地下を五階層として、ここにバックヤードの業務関連施設・設備をすべて収めたことだった。最深部の地下五階には、本館・第一新館・第二新館のすべてを賄う冷暖房機器、高圧電力機器、給湯設備機器が置かれた。四階には弱電関連機器、三階には二万点の処理能力を持つ新洗濯工場、二階には倉庫、一階にはセントラルキッチンと食料倉庫、製氷室がそれぞれ置かれた。さらに、建物西側部分の地下二階には従業員更衣室、地下一階には従業員食堂が置かれた。つまりこうした裏方の施設・設備すべてを、社員以外の目には絶対に触れさせないという配慮である。今日ではあたりまえのバックヤードの地下化だが、この当時としては革新的だった。

ついにライト館の解体決定

帝国ホテルの全景とその周辺を日比谷公園側から空撮した一枚のカラー写真がある。昭和三〇年代後半のものである。経済成長によって加速度的に増す東京の交通事情悪化が、ホテルまえの日比谷通りの渋滞にみてとれる。そこにはまだ都電の路面電車が走っている。

周囲に一〇階建てくらいの白色やベージュやグレーのビルが林立するなかで、広大な敷地に建つ南北客室棟が三階建て、中央棟でも五階建てくらいの高さしかないライト館の威容だけが妙に目立っている。それは威容であると同時に、一種「異様」な光景にもなってしまっている。ライト館のうしろには建ったばかりの帝国ホテル第一新館、第二新館がそびえるが、その二つは色調も外観の造作も周囲のビル群とすっかり同調している。

ライト館の全体が茶褐色にくすんでみえるのは、急激な自動車普及で進んだ大気汚染のせいだろうが、外壁に用いた装飾用の無釉タイルや大谷石がことさら汚れを吸着しやすかったという理由もあるだろう。広大な敷地には前庭や中庭が配置されて豊かな木立が方々にあり、まるで古めかしいリゾートホテルが突如、都会のビル街のなかにあらわれたといった光景である。

昭和 30 年後半に撮られた帝国ホテル全景。交通渋滞が慢性化した日比谷通りに、まだ都電の路面電車が走っている

この当時は日本の大都市部で建物の高さを三〇メートル余に規制する「百尺規制」が残存していたが、その範囲の許すかぎり、都心の商業建築は高層化する時代になっていた。経済成長とともに

不動産価値が跳ねあがり、東京中心部の土地はたいへん貴重で、少しの無駄も許されなくなった。容積も階数も規制いっぱいに大きく高く建てる。土地が高いので、そうしないことには事業効率性をキープできなくなっていた。

帝国ホテルでライト館に代わる新本館建設構想が討議されだしたのは、東京オリンピック開催が決定した昭和三四年ごろだった。ライト館は大正一二年の竣工から四〇年近くが経過していて、いたるところが老朽化し、壁面の剝落や漏水があいついでいた。内外装ともにさまざまな立体的な装飾を施しているぶん、劣化もはやかった。

当初は、このアジア初開催となるオリンピックに合わせて建て替える計画を立てたが、さまざまな事情から見送り、昭和四五年の開催が決まった大阪万国博覧会に照準を据えることになった。「さまざまな事情」には、建築としての価値が高いフランク・ロイド・ライトの作品をそう簡単に壊してしまっていいのかという葛藤も含まれていた。それは帝国ホテル社内だけの話ではなかった。

のちに建て替え計画が公表されると、日本の建築界、芸術界、国内外の文化人、マスコミなど広範な分野から反対意見が噴出し、「帝国ホテルを守る会」が昭和四二年七月に結成された。この会には東大教授・池辺《いけべ》陽《きよし》、東工大教授・稲垣栄三《いながきえいぞう》、東京芸大教授・天野太《あまのた》郎《ろう》、芝浦工大教授・沖種郎《おきたねお》など建築学会の大御所が名を連ね、当時の佐藤栄作首相、中曽根康弘運輸大臣、剱《けんの》木《き》亨弘《としひろ》文部大臣、美濃部亮吉東京都知事らに保存要望書を提出して協力を要請するなど、保存運動はしだいに熱を帯びていった。

　この活動のさなかには、フランク・ロイド・ライトの最後の妻であるオルギヴァンナ・ロイド・ライトが、タリアセン所属の建築家たちとともに来日し、ライト館保存を訴える講演会に参加するなどした。ライト自身はその八年まえに九一歳で他界していた。東京芸術大学では、教官有志九二人が連名で「旧帝国ホテル保存に関する声明書 要望書」を発表し、現地・現状での完全保存を世論に訴えた。また解体反対派の一グループがホテルのロビーに集まり反対集会を開いたこともあった。

　こうした保存運動の高まりに対して帝国ホテルは、いかに老朽化したライト館の状態が危険なものとなっているかを知らしめるための記者会見を開いた。昭和四二年一一月七日のことだった。

「これまで、だましだまし使ってきましたが、ライト館は崩壊寸前の状態で、一押しすれば崩れてしまうかもしれません。お客さまに万一のことがあってはいけません。たいへん無念ではありますが、どうか解体を認めていただきたい」

　犬丸徹三社長は集まったマスコミをまえにそう強く訴えた。そして、記者たちに配布した資料にはこう書かれていた。

この旧館のフロントとロビーは、三十人程度の団体客を考慮して設計されたもので、数年後に就航するジャンボジェット機による高速大量輸送時代に対処することは、とうていできない。また昭和四十五年に開催される万国博には、多数の外国人客の来日が予測されるが、この老朽化した建物と設備では、今後いかに巨額の費用を投じて補修を行っても、部分的な改善にのみ終わり、二十世紀後半のホテルとしての機能はもとより、建物の安全性に対しても確固たる自信を持つことはできない。（以下略）

数年後に就航すると記されたジャンボジェット機（ボーイング７４７型機）は、従来の旅客機の倍以上の座席数（当初計画三五〇〜四五〇人）を誇ることになった。座席供給量が主要国で一気に増大したことで、団体割引運賃と、そのバラ売りである格安運賃が普及し、安い料金で自由に海外旅行を楽しめる時代になっていく。空の大量輸送時代の幕開けは、旅行大衆化の幕開けでもあり、同時に、その受け皿となる宿泊施設や地上交通手段の大型化・大量化にもつながっていく。

この記者会見の二日後、ライト館に代わる新本館の建築確認がついに認可され、そのまた六日後、解体にむけての全館閉鎖が正式決定した。佐藤栄作首相は当初、ライト館保存に対して理解を示していたが、そうしたホテル側の意見陳述が影響してか見解を変え、記者会見で「ホテルの建て替えは仕方がない。建物の一部を保存して、明治村にでも引きとってもらってはどうか」と発言した。投げやりともとれるコメントだが、佐藤首相にしてみればこのころ、悲願である沖縄返還にむけたアメリカとの交渉が最終局面にあり、日本を代表するホテルとはいえ、一民間企業の施設保存問題にかかずらっている時間はなかった。

老朽化だけが建て替えの理由ではなかった。最大の理由は、不動産価値の高い広大な敷地を時代に合わせて有効活用しないことには会社の存在が危うくなるという危機感だった。帝国ホテルは昭和三六年、東京証券取引所第二部に上場していた。もう重役の判断だけで舵とりする時代はすぎて、株主利益を優先しないことには会社経営が成立しなかった。三万四〇〇〇平方メートルという広大な敷地（ライト館敷地）に客室がたったの二五八室しかないというのは、やはり効率が悪すぎた。

ライト館の文化的価値の高さは、もちろん会社としても誇りにしてきたものである。そのまま修復保存しておけるならば、それに越したことはない。たとえば国や自治体の責任で現状保存し、近くに新帝国ホテル建設の代替地を手当てしてくれるというようなことであれば協力もしよう。だが、国民所得倍増を声高に謳って経済成長に血道をあげる政府も、土地の高度利用に邁進する東京都も、そんな悠長な文化事業に予算を振りむける余裕などあるはずもなかった。

老朽化は、建物自体の経年によるものばかりではなかった。周辺エリアで高層ビル開発が急となるなかで、地盤対策のため地下水がどんどん抜かれていた。その昔は日比谷入江の湿地帯だった場所だから地下は水が多く、それを抜けばあちらこちらに空洞ができて、方々で地盤沈下がはじまる。帝国ホテルの敷地も例外ではなかった。

解体工事がはじまったライト館

ライトが考案した、短いコンクリート杭を高密度で打ちこんでそのうえに基礎をつくる浮き基礎＝フローティングファウンデーションは、地盤が水を含んでいるからこそ「浮く」のである。杭は支持層にまで届いていないので、水が抜かれて空洞だらけの砂礫層となればどうしても傾いていく。建物全体を一〇のブロックに分割し、二〇メートルごとにエクスパンションジョイントで結合することで関東大震災を乗り切ったとされた地震対策も、地盤沈下に対しては無力なばかりか、逆に傾斜するブロックに引きずら

ホテル内部の解体作業風景

れるかたちで、ほかのまともなブロックも傾いていくという弊害が生じた可能性もある。

ライトが設計をおこなった大正六年当時、周囲に高層ビルがどんどん建ちならんで地盤沈下がはじまることを予測できた人間は、はたしていただろうか。地盤沈下の影響がホテルの現場でどれほどのものだったか、犬丸徹三の長男でやがて帝国ホテル社長となった犬丸一郎《いぬまるいちろう》は、著書『帝国ホテルの流儀』でつぎのように回想している。一郎は昭和二四年に帝国ホテルに入社したが、すぐにアメリカに留学して、二八年から本格的に働きはじめている。

私が働きだしたころ、ライト館は肉眼でわかるほど変形していました。周囲にいくつものビルが建つようになって地下水が抜かれ、重みで中央部が沈んだライト館全体に歪みが生じたのです。ダイニングルームの入口にゴルフボールを置けば調理場まで転がり、雨漏りも深刻で、雨が降るたび従業員がバケツとモップを手に走り回る有り様でした。

肉眼でわかるほど建物が変形していたというのだから深刻である。雨漏りも、そうした構造のねじれや亀裂によるものも当然あっただろうが、犬丸徹三によると、もともとライトは温帯多雨性の気候をあまり考慮することなく設計をしていたらしい。

ライト建築の特徴として帝国ホテルでも各所に用いられた水平な庇《ひさし》のキャンティレバー（片持ち梁構造）などは、傾斜がないぶん雨を逃がしにくく、片持ちの固定側に負担がかかるのでひびなどが生じる可能性もある。ライトとしては防水処理を指示していたのだろうが、まだＲＣ構造が草創期だった当時の現場技師や職人たちに、その意図をちゃんと理解するだけの知識と蓄積があったのかどうか。

博物館明治村への移築

昭和四二年（一九六七）一一月一四日、火曜日。

ライト館最後の宿泊営業日となったこの夜、客室は満室となった。解体が正式に発表されると、宿泊予約が殺到して部屋はあっというまに埋まってしまった。犬丸一郎は、その夜、ホテルに長期滞在していた著名オペラ歌手の藤原義江《ふじわらよしえ》と女優の田中絹代《たなかきぬよ》がレストラン・プルニエで食卓をともにし、ライト館の思い出話にふけっていた、と書き残している。

翌一五日、朝食を終えて、名残惜しそうにチェックアウトをすませた宿泊客たちを丁重にすべて送りだしたライト館は、完全に閉鎖される。そして半月後の一二月一日、いよいよ解体工事がはじまった。

その日の朝、制服を身につけた年配の社員が、グリル食堂側のエントランスの回転ドアで、真鍮のドアハンドルをいつものように丁寧に磨いていた。長年、そこでグリーター（お迎え係）を務めていた西田芳夫だった。そう犬丸一郎は『帝国ホテルの流儀』に書いて懐かしんでいる。工事関係者以外の立ち入りは原則禁止だったはずだが、特別に認められたのだろう。西田はそうしていつもと変わらぬ入念な作業をすることで、誇りにしてきた職場、ライト館の最期をみとることにしたのだ。

顧客たち、経営陣、ホテル従業員、それぞれに思い出を積みかさねた壮麗なライト館は、その日から足場が組まれて解体が進んでいった。

定例会見で「明治村にでも引きとってもらってはどうか」と口にした佐藤栄作首相だったが、いきなり指名された博物館明治村にしてみれば困惑するしかなかった。そもそも「明治村」だから、維新期にはじまる明治近代の建築遺構を保存することが本来の趣旨である。帝国ホテルのライト館は大正一二年九月の開業で、その三年後には元号が昭和となる。いくら建築的・文化的価値が高いといっても、大正末期完成の建築を明治村に再現するというのは本来の趣旨に反する。

　また、建築の一部分とはいえそれを慎重に解体して東京から犬山市まで運んで再構築するという作業には、莫大な費用を要する。数々の遺構移築を手がけてきた明治村にしてみれば、それは即座に判断できる。さらにこの時点で、すでに移築復元が決まった建築がたくさん順番待ちをしていた。だから、明治村としては「帝国ホテルの部分移築」には難色を示さざるをえなかった。

博物館明治村に移築・再現されたロビー空間

　帝国劇場、東京国立近代美術館、東京国立博物館東洋館などを設計し、東京工業大学教授も務めた谷口吉郎《たにぐちよしろう》は、博物館明治村の初代館長に就任した。その谷口は佐藤首相と面会し、博物館の自主事業としてはとうてい無理だが、もし資金面その他で政府に協力してもらえるのであればなんとかしたい、と提案した。解体反対運動が熱を帯び、一方でライト館の老朽化問題が深刻となるなかで、そのあいだに立つ政府としては谷口の要請を呑むしかなかった。そして四二年の暮れも押し詰まった一二月二八日に「博物館明治村建設委員会」が開催され、帝国ホテル・ライト館の中央玄関およびロビー部分の移築が正式決定した。

ライト館の解体工事自体は同月一日からすでにはじまっていたので、ぎりぎりのタイミングでの決定だった。当時、博物館明治村の建築担当部長だった西尾雅敏《にしおまさとし》の著書『帝国ホテル中央玄関復原記』によれば、そのため事前調査や解体作業で許される時間はごく限られ、全館解体が進行する慌ただしい現場で必要な部材を選定して慎重に解体し、搬出していく作業は困難をきわめた。解体材料の総重量は約四〇〇トンにおよんだ。

ライト館に代わる三代目新本館の設計が完了期に入っていた昭和四二年八月からは、唯一、早稲田大学理工学部教授の明石信道らに現地調査が許可され、ライト館の詳細な実測図面作成と建築ディテールの写真撮影（村井修）がおこなわれていた。この調査の詳細内容はのちに書籍『旧帝国ホテルの実證的研究』として市販された。しかしそれは博物館明治村による事業とはまったくべつの学術調査であり、解体作業にその内容が連動するものではなかった。

経年劣化や大正期の施工技術といった面から、解体作業で回収した原素材の「解体材料」は、実際に再利用できるものは限られていた。たとえばライト館の重要な表層素材であるスクラッチタイル（厚さ五センチ）などは、ふつうのレンガのように積んでいき、そこに鉄筋を挿入してコンクリートを流しこむという施工方法をとっていた。コンクリート躯体をつくり、その表面に貼りつけるという現代の手法とちがって、タイルとコンクリート構造が完全に一体化してしまっているので、もとの状態を保ったまま剝離することは至難のわざだった。したがって、明治村に移築された玄関部分のオリジナルの二体の柱のように、部分的な構造ごと運んでくるのでなければ移築保存は困難だった。

だから多くの部分で「解体材料」ではなく、それを模した「復元材料」を使用するしかなかった。復元材料としてのスクラッチタイルは、厚さを三分の一程度の一・五センチとして軽量化した。また玄関天井のように剝落の懸念があるところにはプラスチック製の模造タイルが使用された。大谷石もまた半世紀を経て劣化が激しく、再利用できたのはごく一部で、多くの部分では新しい石材を加工しなおして再現していった。

つまり、われわれがいま明治村で目にするライト館の多くの部分は、そうして巧妙に、精緻に模造されたものであって、もとの構造がそっくり移築されたものではない。躯体構造もオリジナルはRC造だったが、現在のものはSRC造＋S造でつくられている。

移築のための解体作業は一二月末からはじまり、約三カ月で終了した。というか、全体の解体作業が進むなかでとることのできる期間は、三カ月が限度だった。それを犬山に運びこんで慎重に部材の状況調査をおこない、移築工事に着手したのは解体作業終了から二年半後の昭和四五年三月。大阪ではちょうど万国博覧会が華々しくスタートしていた。内装までの工事が完了したのは昭和六〇年三月で、じつに一五年の歳月を要した。そして平成一六年（二〇〇四）二月に登録有形文化財に指定された。

幻の姉妹ホテル「小田原ホテル」

ここで少々、年代をさかのぼることにする。

まだライト館が着工まえだった大正八年当時、帝国ホテルが「第二の帝国ホテル」を神奈川県の小田原につくる計画を温めていたことは、あまり知られていない。木造のホテルで、設計が終わって軀体工事のなかばまで進みながら建設が中止となった、幻の「小田原ホテル」である。これを設計したのも、帝国ホテル・ライト館の建築準備で当時は忙しかったはずのフランク・ロイド・ライトだった。

戦国時代に築かれた山城址である八幡山《はちまんやま》古郭《こかく》の近く、相模湾を望む崖地に約一万九三五〇坪の用地がホテル用地として手当された。ライト館敷地よりもいくぶん大きめである。崖地や丘陵地の突端部という立地は、ライトがもっとも好んだ建築のサイト環境で、代表的なものにカウフマン邸（落水荘）、タリアセン（スプリンググリーン）、そしてライトが設計して遠藤新らが実施設計や監理を引き継いだ山邑家住宅（兵庫県芦屋市）といった作品がある。小田原ホテルもまた、そんな丘陵地突端部の見晴らしのいい場所に建てられることになったのだった。

数々の名建築をものして、世界遺産に登録された作品も多いフランク・ロイド・ライトだが、そのなかでホテルの案件は少なく、完成にこぎつけたのは帝国ホテル・ライト館（完成時に本人は帰国していたが）と、その直前、ライト館設計作業の途中で急遽建てられた木造二階建ての別館、そして一九二九年にアメリカのアリゾナ州フェニックスに開業したビルトモア・ホテルだけである。このビルトモアは「砂漠の宝石」と呼ばれ、チャンピオンシップのゴルフコースを備えたラグジュアリーリゾート「アリゾナ・ビルトモア・ウォルドルフ＝アストリア・リゾート」としていまも現役だ。また、フェニックスでは小田原ホテルと同様に立ち消えになったホテルプロジェクトもあった。郊外のチャンドラーに計画された「サン・マルコス・イン・ザ・デザート」で、設計は完了したものの大恐慌のあおりを受けて建設は見送られた。アリゾナの地をいたく気に入ったライトはのちに、タリアセンの第二弾である「タリアセン・ウエスト」をスコッツデールに設けた。

小田原ホテルは、ライト作成による周辺景観を含めた建築パースが残されているが、それはやはりカウフマン邸や山邑家住宅に似ていて、あのプレイリースタイルの平たい二階建て建築が、崖地にせりだすように描かれている。屋根は日本の伝統建築に似たものとなっている。谷川正己によれば、設計図の完成は大正八年（一九一九）四月から六月のあいだで、翌年四月に若干の敷地変更にともなう設計変更がおこなわれたらしい。

そしてこのホテル建設計画書の施主の欄に名を連ねたのが、帝国ホテル取締役（のち常務）の小林武次郎と、まだ取締役支配人としてライト館建設を指揮していた林愛作だった。つまりこれは株式会社帝国ホテルによるプロジェクトで、第二の帝国ホテルが小田原・八幡山の景勝の地に、保養ホテルのような位置づけで建つはずだったというわけである。このホテルの敷地は当時、小田原城址内にあった皇室小田原御用邸（関東大震災で被災し、昭和五年廃止）に付随する御料地になっていて、それを帝室林野局から借り受けるかたちで事業化しようというものだった。

この件では、小林が契約上の代表者となっていたが、実質的な責任者として計画を進めていたのは林だった。つまり帝国ホテル・ライト館とまったくおなじ役割分担であり、林とライトのコンビによる日本国内二件目のホテルプロジェクトということである。

ただし、帝国ホテル経営陣の全員が賛成していたかといえば、まったくそうではなかった。師であるルイス・サリヴァンに書き送った手紙（一九一九年四月一〇日付）に、ライトはつぎのように不満を書き綴っている。

私は、他にもう2つ、別の都市で美しい風景の土地に美しいホテルを建てることができるはずでした。ところが、契約書にサインしようという矢先に、これが帝国ホテルの重役会議の席上で問題となりました。まず大倉男爵が反対し、渋沢男爵がこれを支持しました。さらに村野さんと浅野さんも強力に後押ししました。この2人（大倉と渋沢のことだろう＝筆者注）は日本でも有数の資産家で、なおかつ有数の実力者です。この方々が言うには、自分たちの呼んだ建築家が自分たちと契約した仕事が完了しないうちに、他の仕事を引き受けてほしくないというのです。

私は承知しました。私を独占したいというならそれで構わないといいました。ただし、私を釘づけにするのであればその間きちんと仕事をあてがってほしいともいいました。先方もそれはもっともだ、ということで何か別の仕事を考えるということになり、結局私は契約を1つ取り消しにし、今1つを辞退しました。

――『フランク・ロイド・ライト 建築家への手紙』より

このなかで「もう2つのホテル」という記述はまちがいで、一つは小田原ホテルでまちがいないが、もう一つはほぼ同時期に計画が進んだ大正七年（一九一八）設計の山邑家住宅を指していると思われる。これは灘の酒造元・櫻正宗《さくらまさむね》八代目当主である山邑太左衛門の別荘だから、もちろんホテルではない。ライトの場合、自叙伝や書簡でのこうした記述のまちがいや意図的な曲解が多いのだが、これもやはり記憶ちがいだったのか、それともすっかりホテルだと思いこんで設計をおこなったのか。帝国ホテルと小田原ホテル以外に、ライトが日本でホテルを設計したという記録はどこにもない。

じつはこの小田原ホテルは、ライトの以前の作品リストのなかで「Odawara Hotel, Nagoya Japan」と記されていて、「名古屋に建つ予定だった小田原ホテル」というおかしなことになっていた。あの広大な大陸に住むアメリカ人にとってみれば、名古屋も小田原も「東京から近い場所」になってもおかしくないのかもしれないが、これもまたライトの記憶ちがい、あるいはリスト上の誤記ということになる。

帝室林野局に提出した「御料地貸下願」にもとづく小田原ホテル建設の契約締結は大正六年一一月二五日である。一方、帝国ホテル新本館（ライト館）の建設着手のためにライトが来日したのは大正五年一二月。この年月の関係からも、やはりライトが三つのプロジェクトを掛け持ちしていたことは明らかで、取締役会長の大倉喜八郎や相談役に退いていた渋沢栄一など経営陣がそろって反対したのも当然のことだろう。

つまるところ、小田原ホテルは帝国ホテルによるプロジェクトにはちがいないのだが、それは、相模湾を見晴るかす崖地という立地をいたく気に入ったライトが、林愛作を焚きつけて、帝国ホテル経営陣の正式承認をえないまま強引に進めさせたものではないのだろうか。このころライトは来日して鋭意、新本館設計を進めたものの、内務大臣官邸などの撤去がまったく進まず、いつになったら着工できるものかと焦燥に駆られていた。仕事の虫としては、ほかの仕事がやりたくて仕方なかったのだろう。だから小田原ホテルと山邑家住宅の二件の設計に手をだしたのだが、それが帝国ホテルのお歴々たちの顰蹙《ひんしゅく》を買うことになった、ということだろう。

ただ、大正八年九月の着工から、ライトが予算枠に従ってさっさと新本館の建設を進めていればそれほど経営陣の反発を招くことはなかったかもしれない。林愛作とフランク・ロイド・ライトの事実上の解任は、異常なまでの意匠へのこだわりが招いた新本館建設の大幅な予算超過と工期順延が要因とされている。しかしこの小田原ホテルと山邑家住宅の、どちらもライトが最後までめんどうをみることなく放りだして帰国してしまった案件二件も、解任もしくは辞任の理由として小さくないウエートを占めたのではないかと思われる。

さて、ライトがアメリカに帰国したのちの小田原ホテルの運命がどうなったのか——。谷川正己の『ライトと日本』(一九七七年刊)は、設計完了後の経緯についてつぎのように書いている。

この建物の目撃者の話を綜合すると、基礎工事は勿論、木造の軸組から小屋組まで組み上げられ、更に屋根には赤い瓦が葺き上げられていたというから、殆んど透視図にみられる姿そのままに、大略の骨格は出来上がっていたと考えてよい。この未完成の小田原ホテルは、戦雲急を告げる第二次世界大戦の直前まで、工事半ばの建ち枯れの姿を露呈して放置されていたという。

大正一二年九月一日のライト館落成披露宴当日を襲った関東大震災の激震は、小田原でも土石流が発生し約四〇〇人が死亡する大災害となった。建築半ばの骨組み状態のまま大戦直前まで放置されていた未完のホテルではあったが、もし落成して正式に開業したとしても、無傷ではすまなかったのではないだろうか。

林愛作の「その後」

五〇歳の手前で帝国ホテルを去った林愛作は、そのあとどんな人生をたどったのか——。

ニューヨークを拠点に古美術商会の腕利きディーラーとして活躍して、社交界にも受け入れられ、ヨーロッパ主要都市にも顧客ネットワークを築いていた林である。帝国ホテルではさまざまな新商品や新サービスを導入して、今日の帝国ホテルのサービスの基礎を築いていったアイデアマンでもある。さぞや新たな舞台でも活躍したのだろうと思いきや、じつはそうでもなかった。いや、どちらかといえば晩年は運にめぐまれなかったといっていい。

関東大震災の混乱もあってしばしの休養期間を置いた林が、阪神電鉄からの要請を受けて、建設案が持ちあがっていた甲子園ホテルの開発責任者として兵庫県の西宮に赴任したのは昭和二年、五四歳のときだった。

西宮と尼崎を隔てる武庫川、その西宮側のほとりに設けられる甲子園ホテルは、阪神電鉄の沿線開発戦略を象徴し、時代を先取りする高級ホテルとして企画されたものだった。阪神電鉄は、大正一三年に甲子園大運動場（のちの阪神甲子園球場）を開設し、昭和五年には甲子園娯楽場（のちの阪神パーク）を開業させて動物園や水族館をも併設するなど、レジャー施設開発に力を入れていた。

初代本館の全焼火災と、新本館のたび重なる工期延長、予算の大幅超過の責任をとって帝国ホテルを去った林愛作は、理想としてのライト館を自分の手で開業させることができなかった無念を、この甲子園ホテルで晴らしたかったのだろう。

そしてフランク・ロイド・ライトの愛弟子で、ライト館設計チームに加わって最後まで工事監理をやりとげた遠藤新を設計者に起用することにした。「わが息子」と呼ぶほどにライトが信頼していた遠藤だから、きっとライト館と遜色ないようなものを設計してくれると考えたのだ。ひょっとしたら遠藤起用の裏には、帝国ホテルへの意趣返しの意味も含まれていたのかもしれない。

愛作の四男である林陸郎は「櫻正宗の別荘（山邑家住宅＝筆者注）で遠藤さんとお父様が毎日毎日図面を描いていて本当に楽しそうだった」（林裕美子「祖父、林愛作のこと」より）と、子どものころの記憶を家族に伝えていた。この一文からも、林愛作は設計を建築家に投げるのではなくて、理想とするものをつくるために建築家と額を合わせながら造作を考える性格だったことがわかる。それは帝国ホテルのときもおなじだった。林は、浮世絵の蒐集目的で東京にやってきたライトに声をかけて設計素案をまとめてあげ、さらにのち、タリアセンにまで赴いて設計原案をじっくり詰めていくという凝りようだった。

甲子園ホテルは、林の着任翌年の昭和三年にさっそく遠藤とのコンビによって設計が進められ、翌四年に着工、五年に竣工・開業ときわめて順調な工程をたどる。ライト館とはおおちがいである。

のどかな田園地帯の、武庫川沿いの高台に設けられたこのホテルの場合、外国人旅行客を主対象とした東京、大阪、神戸などの高級ホテルとはちがって、宿泊客の六〜七割を国内客と想定する郊外型レジャーホテルという位置づけとなった。着工した四年の年末には、いきなりニューヨーク株式市場が大暴落して世界恐慌に発展した。ニューヨークに知己の多い林のことだから、そうした情勢をいちはやく察知して、訪日旅行も打撃を受けるであろうことを予測したのだ。

日本人を主対象とすることで、林は、ホテルと旅館の〝いいところどり〟の客室構成を考案した。その理念は、一〇畳の洋室と八畳の和室で構成するスイートルームの設定となって具現化する。このあたりは訪日旅行激減を予測した林が急遽、設計変更を指示したのかもしれない。昭和初期のホテルはどこも「外国人旅行客にむけた施設」であって、日本人のために和室を用意するという発想は皆無だった。今日では和洋室としてシティホテルでもリゾートホテルでもあたりまえに設定されているこのスタイルを、昭和のはじめに考案するのだから、やはり林のアイデアマンぶりは傑出している。

さらにホテルのトレードマークとして「打出の小槌」を図案化したほか、屋根には緑釉瓦を置き、ホール天井に市松格子模様を採用するなど、日本伝統の意匠や美意識を、ライト譲りの洋風建築に融合させることをさまざまに試みた。これも林のアイデアだった。

完成したホテルの外観は、ライトが設計したといってもだれも疑わないほどのライト流となる。直線的なデザイン構成要素や外壁材の用い方がまずそっくりだし、屋根の緑釉瓦は、ライト館で広く採用されていた銅板瓦（棒葺き）を置き換えたものだ。とにかく、いろいろな部分がライト館を彷彿《ほうふつ》とさせる。ただ、ロビーやホール、客室など内部意匠についてはライト館ほどの荘厳さやある種の暗さはなく、日本人の生活観、美意識に合ったすっきりとしたインテリアデザインとなった。

この甲子園ホテルは戦中の昭和一九年に海軍病院として接収され、終戦とともにアメリカ軍将校用宿舎としてふたたび接収される。接収解除後は物納によって大蔵省の管理下に入り、昭和四〇年になって武庫川学院が教育施設として譲り受けて大規模修復を施した。平成一八年からは武庫川女子大学キャンパス・甲子園会館として使用されていて、内外観ともにほぼホテル時代のオリジナルの雰囲気を保ち、国の登録有形文化財となっている。

さて、そうして順調に建物が竣工し、林は肩書を常務取締役兼支配人として、帝国ホテル時代と同様に経営にも運営現場にも関与する立場に身を置くことになった。開業後には高松宮殿下が宿泊し、各国のＶＩＰ客も利用するなどして「東の帝国ホテル、西の甲子園ホテル」とまでいわれるようになった。

ところが、林愛作はホテル開業の翌昭和六年、はやくも現場統率者としての支配人を辞任する。そして常務取締役の役職も九年になって返上し、甲子園ホテルを去る。この経緯については不明なのだが、おそらく阪神電鉄とのあいだで見解の相違が重なったのだろう。

ニューヨーク社交界の顧客を相手にし、日本の財界重鎮に口説かれて帝国ホテルにやってきて理想のホテルをつくりあげようとした林である。甲子園ホテルでも、帝国ホテルほどではないにせよ、ＶＩＰ客に受け入れられる社交の舞台をめざして、許される範囲で最高の受け皿を用意しようとした。帝国ホテル取締役支配人の就任にあたって掲げた基本方針の一つ「紳士淑女のための社交機関たらしめる」の理念を、新天地の甲子園ホテルにも持ちこんだのだろう。国内客重視の方針を掲げた林だったが、しかしそれはなにも庶民のための施設を意味したわけではなく、いってみればこのホテルを、関西財界のための「奥座敷」にしたかったのではないだろうか。

遠藤新とともに連日、理想とする施設の構想を練りあげた熱意は賞賛に値する。しかし事業主の阪神電鉄の立場からいえば、本来の開発目的や事業効率性に照らした判断をせざるをえない。この甲子園ホテルもまた、新開発の甲子園地区レジャー施設開発のなかの一環であって、その営業では富裕層だけでなく、やはり「庶民」が意識されていなければならなかった。これは沿線に客を呼びこみ、客を住まわせることで運輸需要拡大を図る、鉄道会社による開発行為の基本中の基本である。

レジャー施設なのか、社交のための舞台なのか——。最初こそ、たがいの立場や経歴を斟酌《しんしゃく》しながら実現にむかって熱く手をとり合っていたのだが、いざ施設が開業してみると、しだいにそのベクトルが異なる方向にむいて差が鮮明になっていき、やがて齟齬が決定的なものになる。そういう内部矛盾はホテルにかぎらず、あらゆる商業施設運営で起こりうることである。

林愛作は帝国ホテル勤務時代、東京の駒沢に自邸・朋来居《ほうらいきょ》を設けていた。「友きたりて愉しくすごす家」といった意で、自ら設立にかかわった東京ゴルフ倶楽部に隣接して建てられた家だが、これは山邑家住宅とともにフランク・ロイド・ライト設計による日本での数少ない私邸建築の一つだ。田園風景に似合ったライトお得意のプレイリースタイルによる建築で、広大な敷地内には畑があり、豚や鶏も飼っていた。その建物の一部は現在も残されている。

帝国ホテルを去ってこの朋来居を処分した林は、鎌倉に居を移す。それから西宮に赴いたわけだが、甲子園ホテルを辞して鎌倉にもどると、しばらくはその自宅で無職のままますごした。そのあいだ東京にでかけては知り合いと会い、新規事業の相談をしていたらしい。そうするうちに、ニュートーキョーの支配人から紹介されて、日本軍が占領した香港でホテルの支配人を引き受けることになった。もう六七歳になっていた。ふつうなら海外勤務は躊躇するところだろうが、アメリカ生活が長く、ヨーロッパとのあいだを行き来していた林にとっては、香港は目と鼻の先という感覚だっただろうし、あるいは、意のままにならない日本を見限るという思いもどこかにあったかもしれない。

昭和一七年五月、香港にわたった林はさっそく準備にとりかかり、翌月には既存ホテルを「香港ホテル」として開業させている。このホテルは海軍からの委任で経営されることになったもので、帝国ホテルの経営受託からは海軍水交社と改名されたシンガポールのグッドウッドパークホテルと似た位置づけである。しかしこのホテル経営も、現地での抗日運動が激しくなり、さらに太平洋戦争の戦況悪化とともに立ちいかなくなった。

林はあきらめて帰国する。それからは鎌倉で老後を静かにすごし、昭和二六年、七八歳で亡くなった。

四つの「if」

林愛作には悔恨があったかもしれない。帝国ホテル支配人への就任をあくまで固辞し、そのままアメリカにいたならば、後半生はもっと有意義なものになっていたのではないか、という悔いである。

最初はあれほど帝国ホテルに入ることを拒否していたのだから、支配人就任をステップアップの好機と考えていなかったことは明白で、ニューヨーク生活をそのままつづけていたかったのだ。しかし渋沢栄一や関西財界重鎮の松本重太郎に外堀を埋められて、ニューヨーク時代の恩師である山中商会の山中定次郎らに直に説得されては、これはもう男として意を決するほかはなく、ふたたび日本の土を踏むことになった。一九歳で横浜を発ってから一七年ぶりの帰国だった。

林にあったかもしれない悔恨に想いを寄せるとき、そこに四つの「ｉｆ」が浮かんでくる。

一　初代本館が全焼しなかったら。
二　ライトではなく、下田菊太郎の設計がそのまま生かされていたら。
三　ライトが工期や予算を順守する建築家であったなら。
四　小田原ホテルの計画がなかったなら。

明治開業の初代本館は、新本館（ライト館）の建設途中に失火から全焼した。林解任のおもな理由は新本館建設の遅延と予算の大幅超過ということになっているが、この全焼事件がなかったら、またちがった展開になっていたかもしれない。林は火災現場で男泣きに泣いた、と新聞が伝えたほどそのショックは大きかった。そこにライトの奔放ぶりの責任を経営陣から強く問われていくものだから、彼はいよいよ辞任を決意するしかなかった。初代本館がそのまま残っていれば、順延つづきのライト館工事が完了するまでの収益はなんとか確保されて、責任がそれほど追及されることもなかったのではないか。

ライトへの設計依頼に先立って、新本館工事を受注した下田菊太郎の設計がそのまま生かされていたならば、どうだっただろうか。明治天皇崩御によるごたごたで止まってしまった計画で、なぜかそのまま継続されることなく白紙撤回となって、ライトに設計が振り替えられたわけだが、その経緯は前述のように謎のままである。平等院鳳凰堂をモデルとして、建物内側に中庭を設けて日本各地の景勝を再現していくという下田のプランは、やはり地盤対策に時間を要したであろうが、ライトほどに執心を傾けることはなく、多少の延長はあったにせよ経営陣の想定の範囲内に工期は収まったと思われる。ただ、最初に下田に依頼したのも、そのあとにライトを起用したのもどちらも林の判断によるものだから、最終的には林自身の責任ということになる。

さらには、もしライトが工期をちゃんと守る性格であったなら、どうだったか。この仮定は結果がわかっているだけにあまり意味がないが、もちろんその場合は林がホテルを去ることはなく、稀代のホテル支配人として斬新なアイデアをどんどん生みつづけ、帝国ホテルに胸像くらい置かれていたかもしれない。しかし逆に、ライト館があれほどの芸術性と独自性を持つに至らなかった可能性もある。したがって博物館明治村への移築といった話も持ちあがらなかったかもしれない。ライト館は、やはりライト本人が工期と予算順守を無視してまでも、どうしてもつくりたかった作品だったのである。だからこそ、いまもなお語り継がれる存在となっている。

最後の小田原ホテルの件だが、筆者としては、これが林愛作とライト解任の最終的かつ決定的な判断につながったという気がしてならない。新本館とのかけ持ちでこの設計を進めたライトに対する大倉喜八郎ら経営陣の不満が相当なものだったことは、前出のライト書簡からも十分にうかがえる。新本館が工期どおりに完成していれば、小田原ホテルの件はまだなんとか許容されたのかもしれない。しかし肝心の本体の工期がどんどん先延ばしになっていく状況では、経営陣としてはやはり株主たちへの手前もあって、けじめをつけざるをえなかった、というところだろう。

そしてもう一つ加えるならば、林が長いアメリカ生活で体得した結果優先主義が日本でなじまなかったということもあるだろう。

山中商会ニューヨーク支店でエースとして営業を任されていた林は「結果（収益・利益）がすべて」というアメリカのビジネス法則のなかに生きてきた。その過程で起こりうる齟齬は、結果がともなえばある程度は許容される。代わりに、結果がでなければ即刻、責任を問われる。じつにはっきりしている。それがアメリカのビジネスである。一方で日本の企業社会では、なにごとも合議による決定が重要視され、そこで決まったことはみんなで責任をとるという農耕共同社会の不文律が根底に横たわる。結果も大事だが、過程におけるコミュニケーションが重要視されるのだ。長く日本を離れていた林に、その日本企業社会の慣習を理解し尊重する下地があったのかどうか……。

林は帝国ホテル支配人就任を引き受けるにあたって「株式会社帝国ホテルとしてではなく、林愛作の帝国ホテルと考えて、営業全般にわたる権限を全面委任していただく」という条件を経営陣に突きつけ、それが許された。全面委任していただくという言葉のつづきには、当然のことながら「その代わりかならず会社に大きな利益をもたらす」という宣言があるはずである。それは、明治維新の乱世に生きて、自らの才覚によって財閥を築いてきた政商たち、つまり帝国ホテル株主たちにしてみれば頼もしい言辞だっただろう。

全面委任という特権を勝ちえた林は、自分の思うとおりにことを運ぶ。そして最初には下田菊太郎に狙いをつけ、つぎにニューヨーク時代からの知己であるライトに乗り換える。ところが工事に着手するとライトの凝り性ぶりがいよいよ発揮されて、いつになったら完成するのかわからなくなってしまう。そこに、帝国ホテル経営陣の合意をまとめないままに同時進行してしまった、小田原ホテルの責任問題も浮上する。

怪傑ぞろいで「おれがおれが」と自己主張して数々の事業を興し、時代を切り拓いてきた主要株主の連中ではあったが、国策施設としての帝国ホテル経営では独断専行を許さず、あくまで合議制を旨としてきた。だからこそ波瀾つづきの経営がなんとか成り立ってきた。そこには、けっして超えることが許されない一線が存在する。理想を追い求めて一途に走る林とライトの行動原理は、つまるところその一線を踏み越えてしまったのだ。

林のなかでは、工期が長引こうがいくら予算が膨らもうが、それを帳消しにして余りある業績、結果を叩きだすスケジュール表と自信があったのだろう。ライトの比類なき建築が世界で絶賛されて、幾千万の外国の旅行者を魅了し、巨利を会社にもたらす。だが、その結果を気長に待っているだけの信頼も余裕も、もう経営陣や株主たちにはなかったということである。

振り返ってみれば、外務大臣兼臨時建築局総裁の井上馨が熱をあげた官庁集中計画は、政府内部の意思統一を欠いたまま拙速に進めて勢いを失い、撤回に追いこまれた。そして計画で生き残って誕生した帝国ホテルで、林もまた経営陣への十分な根まわしを欠いたまま新本館建設や小田原ホテル開発を進めて、しだいに信頼を失っていった。この二つの失敗には共通性がある。

林愛作が去り、やがて犬丸徹三というきわめてバランス感覚に富んだ堅実な男が、帝国ホテルでタクトを振っていく。そうして時代は近代から現代へと移り、東京オリンピック開催を契機に競争相手が一気に増えても、彼はホテル経営を安定させ、成長させていく。そしていまがある。

帝国ホテルの前半生はそれにしても波瀾の連続だった。官庁集中計画に端を発する誕生の経緯、幾度もの経営危機、ライト館建設をめぐる混乱、関東大震災、大戦中の数々の逸話、戦後の経済大転換――。誕生の当初からこれほど物語性に富んだホテルも世界にめずらしいのではないか。日本の近代は、国の存亡を左右する事件や戦争が相次いだ激烈な時代だった。その輝きも闇も映してきた「鏡」が、帝国ホテルだったといえるのではないだろうか。

あとがき

帝国ホテルは令和三年（二〇二一）、帝国ホテル東京の新本館および新タワー館の建設計画を正式発表した。明治の初代から数えて四代目となる新本館は令和一八年（二〇三六）に開業する予定だ。まずタワー館を六〜一二年度の期間で建て替え、つづいて本館を一三〜一八年度で建て替える。つまり営業を継続しながらのリニューアルということになる。

さらにこのプロジェクトは、帝国ホテルの最大株主である三井不動産をはじめ一〇社による都心最大規模の再開発計画「TOKYO CROSS PARK 構想」（延床面積約一一〇万平方メートル）と連動する。この再開発は、北・中・南の三地区でオフィス、各種商業施設、帝国ホテルとはべつの高級宿泊特化型ホテル（これについても帝国ホテルが運営）、集合賃貸住宅などを開発し、対面の日比谷公園とデッキで連続性を持たせるというものだ。

帝国ホテル東京の三代目現本館は昭和四五年（一九七〇）の開業である。日本橋高島屋や東京・駒場の前田利為《としなり》侯爵邸洋館（どちらも重要文化財）を設計したことで知られ、上高地帝国ホテル、川奈ホテル、赤倉観光ホテルも手がけた昭和の名建築家、高橋貞太郎《ていたろう》の設計になる。ライト館解体のあとを受けた仕事だったため、反対派からはいわれなき中傷もあったという。高橋は、三代目本館の開業（三月一〇日）を待っていたかのように四五年一〇月、七八歳で逝去した。

この帝国ホテル東京本館は、竣工から五〇年以上が経過していて老朽化、陳腐化も目立つようになった。二一世紀になって東京への進出速度を一気に増した外資系の各ラグジュアリークラスは、いずれも平均客室面積を四〇〜六〇平方メートルとしているのに対して、帝国ホテルは三〇〜四〇平方メートルでだいぶ見劣りするようになった。エントランスやロビー、宴会場のつくりなどはいまも名建築の誉れ高いが、残念ながら客室についてはやや時代遅れとなってしまった。

そして、ジャンボジェット機就航がもたらした大旅行時代到来と、大阪万国博覧会開催に合わせてつくられたホテルだから仕方ないのだが、本館七七〇室、タワー館三六〇室、合計一一三〇室という規模も、本来ならラグジュアリーホテルとしては巨大すぎる。世界のホテル産業界の定義に照らせば、ラグジュアリークラスのホテルとは、すべてのゲストに目が届く範囲の二〇〇〜三〇〇室以下が望ましい規模ということになる。

　そこで、あらためて日本と東京を代表するグランドホテル、ラグジュアリーホテルの地位をとりもどすために、建て替えを決めたというわけである。したがって新本館の客室は「より少なく、広く」の方針がとられる。

　この二〇年ほどは、大都市部のラグジュアリーホテルといえばかならずといっていいほどオフィスや商業施設との複合形態で開発されてきた。つまり上層階がホテル、中層階がオフィス、低層階が商業施設という定型である。大都市中心部で不動産活用の高度化を目指せばどうしてもそうなってしまうわけだが、この定型化がじつにつまらなく、夢がない。しかし帝国ホテル東京四代目本館はそうはならず、これまでどおり、あくまでホテル単独棟として建て替えることになる。

　新本館のパースがすでに発表されているが、正面手前の低層部分から奥にいくにしたがって高層化していくという構成で描かれている。さらに外構全体が黄色またはベージュと思える色調となっている。同様に手前のエントランス部分や客室棟を低く、奥の中央棟を高くして遠近感を持たせる構成で建てられ、黄色みを帯びたスクラッチタイルをまとっていたライト館へのオマージュだろうか。ただしこうした設計意匠は今後、変更になることもありうるという。

帝国ホテル直営によるオフィスや長期滞在型のサービスアパートメント（ＳＡ）、商業施設などの「非ホテル施設」はすべて新本館に隣接して建てられる新タワー館に収まり、新たなビジネスモデルを構築していくことになる。近年は、現タワー館の客室を長期滞在むけに改修するなど、本格的なＳＡ事業の開始にむけた試運転もしてきた。帝国ホテルならではのＳＡ事業がどう確立されていくのかも興味深いところだ。

この建て替え計画が完了してしばらくすると、帝国ホテルは創業一五〇周年を迎えることになる。明治二三年開業の初代から歴史を刻んできたホテルは、いままた新たな時代へ船出しようとしている。令和八年春には京都にも帝国ホテルグループ五軒目の新ホテルが開業する。祇園中心部にある国の登録有形文化財「弥栄会館」の外観二面を保存活用し建て替えているもので、京都を訪れるインバウンド富裕層への訴求力はかなり高くなりそうである。

装置産業であるホテルはつねにリニューアルなどの再投資が必要で、そのための借入金返済に四苦八苦する会社は多い。しかし帝国ホテルはホテル業界ではめずらしく無借金経営をこの二〇数年来ずっと継続してきた。オフィスと商業施設を中心とした帝国ホテルタワーの不動産収入によるところもあるが、バブル期にも必要以上に経営の手を広げなかった判断が大きかった。それもまた、度重なる経営危機を乗りきってきた歴史が教訓となっているからだろう。

この稿では、日本の国体が揺籃期にあり、幾度もの戦争があった近代の帝国ホテルの歴史をたどってきた。それは、よくも持ちこたえることができたというくらいの波瀾の連続だった。

この先の時代がどうなるのか――。ここにきて世界情勢はいろいろな面で不安定さ、不確実性が増している。あるいは、混沌として不安な時代がつづくことになるのかもしれない。しかし波瀾の近代を生き抜いた帝国ホテルには、新たな世紀をまた乗り切っていくだけの強いＤＮＡが宿っているのだと想像する。

小著の制作では、貴重な写真データ提供で、帝国ホテルのホテル事業統括部・広報課にこころよくご協力いただいた。この場を借りてあらためて深謝したい。

令和五年一月

永宮 和

参考・引用文献

『渋沢栄一伝記資料』（公益財団法人渋沢栄一記念財団）
『帝国ホテル百年の歩み』（帝国ホテル）
『ホテルと共に七十年』（犬丸徹三著　展望社）
『明治の東京計画』（藤森昭信　岩波書店）
「霞が関の歴史」（国土交通省ホームページ）
『大倉喜八郎の豪快なる生涯』（砂川幸雄著　草思社）
「博覧会 近代歴史の展示場」（国立国会図書館電子展示会サイト）
「日本鉄道史」（国土交通省ＰＤＦ資料）
「戦前における日本の国際観光政策に関する基礎的分析」（東洋大学論文）
『フランク・ロイド・ライトの帝国ホテル』（明石道信著　建築資料研究社）
『ライトと日本』（谷川正己著　鹿島出版会）
『フランク・ロイド・ライト 建築家への手紙』（内井昭蔵訳　丸善）
『水と風と光のタイル――Ｆ・Ｌ・ライトがつくった土のデザイン』（ＬＩＸＩＬ出版）
『帝国ホテルの流儀』（犬丸一郎著　集英社新書）

「旧帝国ホテルの解体から移築に関する研究」（日本建築学会技術報告集）
「甲子園会館（旧甲子園ホテル）」（武庫川女子大学サイト）
『昭和の怪物 七つの謎』（保阪正康著　講談社現代新書）
『二・二六事件』（太平洋戦争研究会編 平塚柾緒著　河出文庫）
『西洋料理六十年』（田中徳三郎著　柴田書店）
『帝国ホテル 厨房物語』（村上信夫著　日本経済新聞社）
『東京フレンチ興亡史』（宇田川悟著　角川ｏｎｅテーマ21）
「祖父、林愛作のこと」（林裕美子著　武庫川女子大学講演論文）
『THE ORIENTAL BANGKOK』（THE MOST FAMOUS HOTELS IN THE WORLD）
『ライト 仮面の生涯』（ブレンダン・ギル著　学芸出版社）

【著者】永宮 和（ながみや・かず）

ノンフィクションライター、ホテル産業ジャーナリスト。1958年福井県生まれ。海外旅行専門誌編集、ホテル・レストラン専門誌副編集長を経て独立後、フリーランスとして活動。著書に『「築地ホテル館」物語』ほか多数。ホテルに関連するビジネス書籍執筆のほかに、西洋料理、旅行、その他の分野の産業史研究も進めている。本名は永宮和美。

帝国《ていこく》ホテルと日本《にほん》の近代《きんだい》

「ライト館《かん》」はいかにして生《う》まれたか

●

2023年7月20日　第1刷

著者…………永宮《ながみや》 和《かず》

装幀…………佐々木正見

発行者…………成瀬雅人
発行所…………株式会社原書房

〒160-0022 東京都新宿区新宿 1-25-13
電話・代表 03（3354）0685
http://www.harashobo.co.jp
振替・00150-6-151594

印刷…………シナノ印刷株式会社
製本…………東京美術紙工協業組合

ISBN978-4-562-07294-1, Printed in Japan